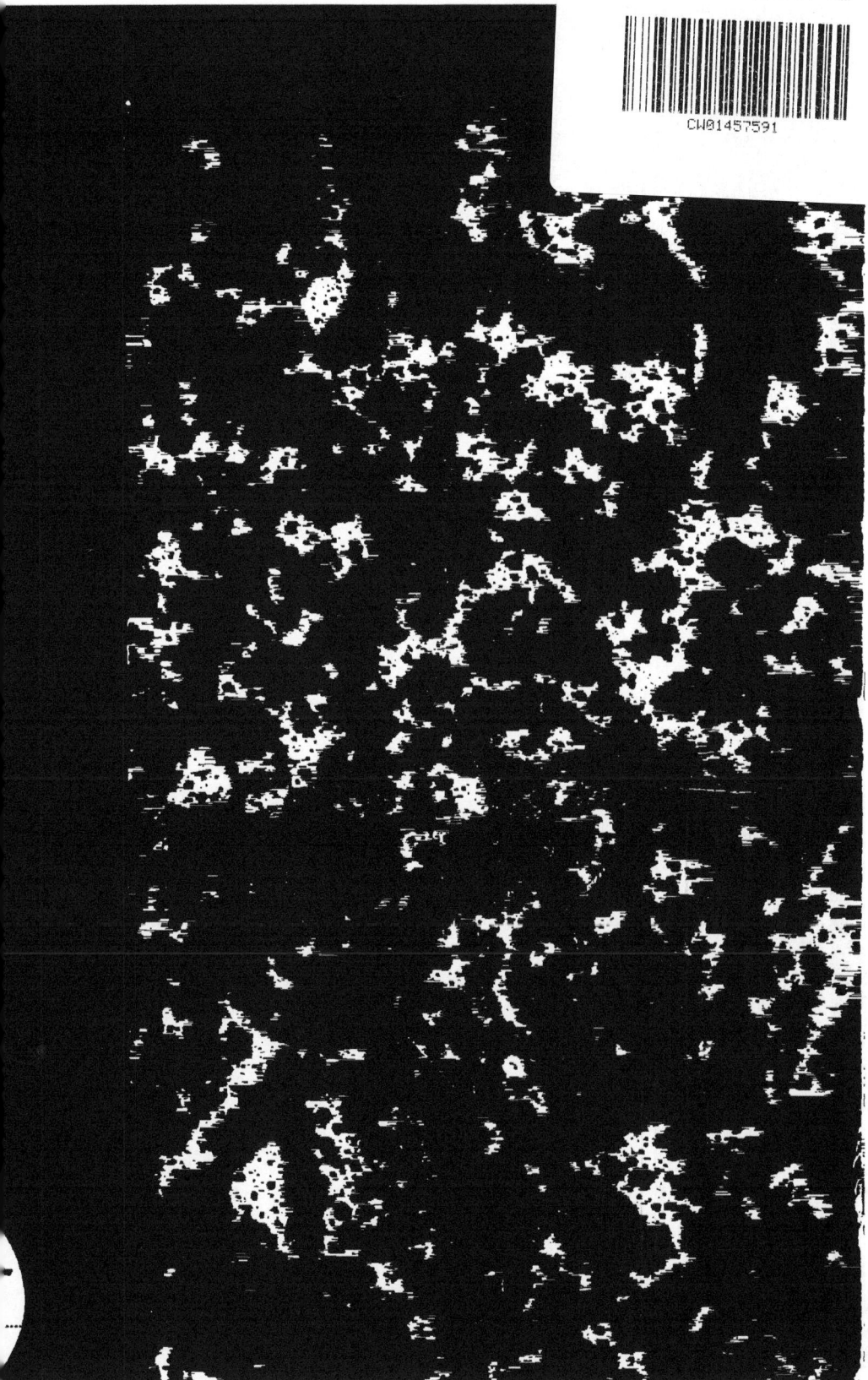

SAINT ÉLOI

In-8° 4e série.

CHEZ LE MÊME ÉDITEUR

ET CHEZ LES PRINCIPAUX LIBRAIRES :

☛ En envoyant le prix en un mandat de la poste ou en timbres-poste, on recevra *franco* à domicile.

SAINT LAURENT, diacre et martyr. in-8°. . 2 50

SAINT AMBROISE, évêque de Milan. in-8°. . 2 50

SAINT MARTIN, évêque de Tours. in-8°. . 2 50

LES MUSICIENS LES PLUS CÉLÈBRES. in-8°. 2 50

LES ARTISANS LES PLUS CÉLÈBRES. in-12. » 85

MOZART. in-12. . . . . . » 75

MICHEL-ANGE. in-12. . . . . » 75

RAPHAEL. in-12. . . . . . » 75

HAYDN. in-12. . . . . . » 60

RACINE (Jean). in-12. . . . . » 75

CORNEILLE (Pierre). in-12. . . . » . 75

JOSEPH, ou le Vertueux Ouvrier. in-12. . » 85

Je n'ai rien voulu perdre, dit Eloi à Clotaire,
et de l'or qui m'est resté j'ai fait ce siége

UN ARTISTE
DU VIIᵉ SIÈCLE

Eligius Aurifaber

SAINT ÉLOI

PATRON DES OUVRIERS EN MÉTAUX

Par A. DE LA PORTE

DE LA SOCIÉTÉ ARCHÉOLOGIQUE DU LIMOUSIN ET DES ANTIQUAIRES
DE L'OUEST ET DE LA MARCHE.

—◇◇◇—

LIBRAIRIE DE L. LEFORT

IMPRIMEUR ÉDITEUR

LILLE   PARIS
rue Charles de Muyssart   rue des Saints - Pères, 30
PRÈS L'ÉGLISE NOTRE-DAME   J. MOLLIE, LIBRAIRE-GÉRANT

1865

PRÉFACE

Un pauvre apprenti orfèvre devint
l'homme le plus marquant de son siècle
et mérita par ses vertus d'être évêque
et placé au rang des saints.

(RITTIEZ : *l'Hôtel de ville et la Bour-
geoisie de Paris.*)

Saint Eloi est un des personnages
les plus populaires de nos anciennes
annales. Son nom est inséparable de
celui du roi mérovingien Dagobert,
dont il fut le trésorier. Cet illustre
Limousin se recommande non - seulement par ses vertus chrétiennes, qui

l'ont fait mettre par l'Eglise au rang
des saints, mais encore par un rare
talent dans l'art de l'orfévrerie et de
l'émaillerie, qu'il cultiva avec amour
à une époque de décadence et au
milieu des préoccupations de la vie
la plus agitée.

Artiste, ministre d'état, évêque,
diplomate, il semble donner le mot
d'ordre et tracer la voie au clergé
du moyen âge, dans l'admirable mission de prendre par la main les
peuples barbares et de les guider en
même temps dans la route du progrès
religieux et de la civilisation.

A l'époque où chaque corps d'état

tenait à honneur d'avoir une bannière,
saint Eloi devint le patron des orfèvres, des émailleurs, des fondeurs,
et généralement de tous les ouvriers
en métaux, qui trouvaient à la fois en
lui un compagnon et un protecteur,
un artiste et un saint.

Plusieurs écrivains ont tracé d'une
main habile le tableau de ses vertus :
mais il m'a semblé que dans la plupart de ces portraits, l'évêque avait
fait oublier l'ouvrier, et c'est avec
l'espoir d'éclairer cette partie d'une
vie si illustre que ce livre a été commencé.

Je l'ai écrit dans cette belle vallée

de Solignac, où fleurit si longtemps
la pépinière d'artistes que saint Eloi
y avait fondée pour perpétuer à travers
les âges les pures traditions de l'art;
je le dédie à ceux qui, après douze
siècles, sont encore fiers de le regarder comme un de leurs plus illustres maîtres.

Aux Vaulx, commune de Solignac.

A. DE LA PORTE,
de la Société archéologique du Limousin.

UN ARTISTE
DU VII^{c} SIÈCLE

———— •◇•◇•◇• ————

I

Etat de la France et du Limousin au viie siècle. — Mœurs.
— Religions. — Arts.

Le voyageur qui parcourt aujourd'hui les
fraîches et pittoresques vallées du Limousin,
où à chaque pas, à travers les arbres, se
montrent de riches villages, de hauts clochers,
des fermes, des villes, des châteaux, et partout

2

des moissons abondantes cultivées par un peuple
simple et laborieux, ne se douterait guère
qu'il y a deux cents ans à peine, cette contrée
était regardée comme un pays 'perdu et sauvage,
et qu'au XIVᵉ siècle, la crainte des bêtes fauves,
des sorciers et des voleurs était telle que
personne n'osait y voyager sans escorte, que
tous les châteaux, les monastères, les clochers,
étaient garnies de tourelles où l'on faisait
incessamment le guet, et que les villages
situés sur les sommets des montagnes avaient
entre eux des communications si difficiles que
chacun d'eux avait ses coutumes et ses lois
particulières [1].

C'était bien pis au VIIᵉ siècle de l'ère chrétienne, époque où commence notre récit.

Les invasions successives des barbares, Huns,
Vandales, Goths, Hérules, Saxons, Bourguignons,

---

[1] ALEX. MONTEIL : *Hist. des Français des divers états.* t. I.
p. 364.

Francs, et les guerres qui signalèrent la conquête
du pays par les successeurs de Clovis avaient
presque entièrement détruit tout ce que quatre
siècles de domination romaine avaient pu faire
pour la colonisation et la civilisation de la province. Les plus anciennes villes, dont quelques-
unes, comme Breth, Tintégnac, etc., se vantaient
de leur origine gauloise, avaient entièrement
disparu. Les belles villas des anciens proconsuls
et sénateurs romains, la *villa Antonia*, la *villa
Julia*, le *castrum Lucii Capreoli*, le *castrum
Pontiaci*, le *castrum Servii*, et tant d'autres,
n'étaient plus que d'augustes ruines. L'herbe et
les ronces encombraient les anciennes voies si
péniblement tracées par les légions de l'empire,
et les stations indiquées en 395 par la Table
Théodosienne, *Prætorio* (Puy-de-Jouer), *Auto-
dunum* (Ahun), *Mediolano* (Montmeillan), *Cas-
sinomago* (Chassenon), *Seranicomago* (Chermès?),
Avidonaco (Aunay?), *Fines* (Courbefy?), lieux

de repos pour les voyageurs et d'observations pour les troupes, croulaient abandonnées et disparaissaient dans les décombres, au point qu'aujourd'hui l'antiquaire ne peut parvenir à en signaler l'emplacement.

C'est à ˹peine si les anciens *Pouillés* du diocèse et les chartes de l'époque mérovingienne signalent sur les points divers du pays une soixantaine de petits centres de populations [1]. Les vallées les plus fertiles, les sites les plus ravissants n'étaient que d'immenses soli-

---

[1] On trouve les mentions de Ahun, de Toulx-Sainte-Croix, Brives, Chassenon, Chambon, Courbefy, Fiex, Rancon, Uzerche, Albignac, Alayrac, le Dorat, Dun-le-Palleteau, Saint-Victurnin, Saint-Junien, Saint-Georges, Saint-Léonard, Saint-Yriex, Vigeois, la Noaille, Pistorie, Saint-Julien, Genouillac, Beyssac, Ambazac, Solignac, Tulle, Bellac, Gueret, Ussel, Aubusson, Ajain, Abjac, Arnac, Brillaufa, Bar, Beynac, Blom, Brillac, Chabannais, Chabrac, Chabrignac, Chervix, Chignac, Coussac, Compreignac, Cursac, Eyburie, Ejaux, Espagnac, Fursac, Jumillac, Glanes, Marsac, Magnac, Maisonnais, Martignac, Nouic, le Palais, Château-Ponsat, Seillac, Sauviat, Turenne, Vallière.

tudes. Je n'en donnerai qu'une ou deux preuves, il serait facile de les multiplier.

S'il est un site qui ait pu tenter les cultivateurs, c'est le territoire occupé aujourd'hui par la ville de Saint-Junien. En des pentes inclinées vers le couchant et le midi, et arrosées par les eaux limpides et calmes d'une rivière, le regard aussi loin qu'il peut s'étendre ne rencontre que la verdure des prairies; et cependant lorsque saint Amand s'y établit au VIe siècle, une forêt sauvage couvrait tout ce pays, et le manse voisin de Comodoliac ne comptait que trois familles.

A la même époque l'admirable situation où se trouve la ville de Saint-Léonard n'était qu'une forêt épaisse remplie de bêtes fauves appelée la forêt de Pavain, et lorsque le pieux solitaire de ce nom eut mérité, par un signalé service, la faveur du roi Théodebert, qui était venu y chasser avec toute sa cour, ce prince put lui octroyer sans léser personne, tout l'espace qu'il

pourrait parcourir en un jour avec son âne,
pour y fonder une colonie et une église qui
devint plus tard l'origine d'une ville.

Quelques années plus tard, lorsque saint Yriex
fondait à Attanacum un monastère où les pauvres
accouraient comme les abeilles à une ruche, ce
n'était pas même une bourgade.

A Eymoutiers, lorsque saint Psalmodius bâtit
une cabane vers 680, la forêt de Grigeac enveloppait et couvrait tout ce territoire.

Parmi les autres villes aujourd'hui importantes
de la province, Tulle, Brives, Uzerche, Guéret
n'étaient que des monastères; le Dorat, Bellac,
Ussel, Aubusson méritaient au plus le nom de
châteaux-forts; Rochechouard, Bourganeuf n'exis-
taient pas : Limoges seul, l'*Augustoritum* des
Romains, abritait une population nombreuse à
l'ombre de ses murs, et presque indépendante,
continuait, comme aux beaux jours de l'empire,
à se gouverner par ses consuls.

Assez volontiers je comparerais l'aspect du Limousin à cette époque à ce que présentaient il y a vingt ans certaines parties de l'Afrique ravagées par les guerres, Tlemcen, par exemple. La ville entourée d'une formidable enceinte et renfermant dans ses murs tous les métiers, toutes les richesses, toutes les ressources, le bien-être et le luxe; et autour, à trente lieues à la ronde, pas un centre important, pas une ville, mais des solitudes à perte de vue, des forêts incultes, et çà et là dans quelques vallées un oratoire pour la prière, deux ou trois familles groupées ensemble par le besoin d'une commune défense, de rares champs labourés et beaucoup de troupeaux : en remplaçant la tente par le château fortifié, le gourbi par la masure de paille et de bois, le chef Arabe par le seigneur Franc, l'esclave noir par le Gaulois ou le Romain dépouillé, on aura une idée assez exacte de l'état des personnes et des lieux sous nos rois de la première race.

La ville où se fait le commerce, où se tissent les étoffes, où se fabriquent les armes et les harnais, où se brodent les parures, où se forgent les bijoux, la ville est restée toute romaine de langage, d'aspect et de mœurs. Elle paie l'impôt et vit à sa guise, suivant ses anciennes coutumes. Le soldat conquérant, au contraire, dans le château dont il s'est emparé ou qu'il s'est construit, a conservé presque tous les usages de ses pères. Ce n'est que peu à peu qu'il les perdra, ou qu'il les modifiera par le contact avec ses sujets, ses vassaux. Il est emporté, belliqueux, sobre et intempérant à la fois, fastueux à l'excès. Il aime la chasse, la gloire, les armes, les joyaux, les vêtements éclatants. Il méprise le citadin, il se croit l'égal du roi. Il rend la justice chez lui ; il bat monnaie [1], au besoin il fait la guerre

[1] On trouve des monnaies mérovingiennes frappées en Limousin qui portent le nom de : Ajain, Ambazac, Abjac, Arnac, Brillaufa, Bar, Beyssac, Blom, Brionne, Brillac, Brives, Chabannais, Chabrac, Chabrignac, Chervix, Cissac?

et se ruine à équiper des soldats pour venger la plus futile offense. Il prend les titres romains de duc, de comte, de clarissime, d'illustrissime. Il reconnaît l'autorité du souverain par l'hommage qu'il lui rend de son fief à chaque succession d'héritier, et par le secours militaire qu'il lui prête en temps de guerre; mais il laisse à l'habitant des villes, à l'affranchi, au vilain qui pour lui cultive la terre, le soin de payer le fisc et de fournir aux dépenses de l'Etat.

Seulement, comme le service d'une personne noble était un honneur chez les Francs, l'esclavage comme il était entendu chez les Romains fut aboli par eux, et ce qu'on appelle encore chez nous des métayers, des colons, travaillant

Chignac, Coussac, Compreignac, Cursac, Eyburie, Ejaux, Issandon, Espagnac, Fursac, Jumillac, Glane, Limoges, Marsac, Magnac, Maisonnais, Montignac, Nouic, le Palais, Peyrafiche, Pineau, Châteauponsat, Rieu, Rouffiac, Seilhac, Sauviat, Saint-Yriex, Salagnac, Charroux, Teillol, Turenne, Uzerche, Ussel, Vallière. (M. ARDANT : *Bull. archéologique*, t. XIV.)

presque entièrement au profit de leur maître, devint le dernier échelon de la hiérarchie sociale.

Toutefois, au milieu de cette barbarie, la religion chrétienne était florissante. Le Limousin avait déjà donné à l'Eglise quinze saints dont plusieurs étaient à peine refroidis [1], et malgré l'aspect sauvage de la contrée, malgré la solitude de ses forêts, on y voyait sans cesse accourir, comme dans une nouvelle thébaïde, ces âmes souffrantes accoutumées à répéter avec saint Jérôme : « *Mihi mundus carcer*, *et solitudo paradisus est:* Le monde est pour moi une prison, et la solitude un paradis. »

« La ville de Limoges, dit un historien de saint Eloi, est une des anciennes villes de

[1] Ce sont : saint Martial, saint Aurélien, saint Sylvain, saint Adorateur, saint Amateur (Amadour), saint Rurice, saint Amand, saint Victurnien, saint Léobond, saint Rurice II, saint Marien, saint Junien, saint Léonard, saint Yriex, et saint Ferréol.

France dont César fait mention en ses Commentaires. La rivière de Vienne embellit son assiette et fertilise ses champs. Les habitants de ce lieu furent convertis à la religion chrétienne par saint Martial, contemporain des apostres et des disciples de Nostre-Seigneur, que l'on tient avoir esté celui qui avoit les cinq pains d'orge et les deux poissons que multiplia Jésus-Christ dans le désert. Il a basty et érigé en France la première église qu'il dédia à Dieu en l'honneur du premier des martyrs sainct Estienne [1]. »

A l'époque de la naissance de saint Eloi, Limoges en était à son XVe évêque saint Ferréol. La ville était loin d'avoir l'étendue qu'on lui trouve aujourd'hui. Son enceinte n'enveloppait guère que le quartier qu'on appelle

---

[1] Louis de Montigny : *Histoire de la vie, mort et miracles de saint Eloi*, 1646. — Voir sur cette question : *Dissertations sur l'apostolat de saint Martial, par l'abbé Arbellot*, 1855.

encore la Cité, et formait un arc irrégulier dont
la rivière représenterait la corde. Elle avait
pour monuments deux églises, la basilique de
Saint-Etienne déjà ancienne et celle plus récente de Saint-Paul, les restes du palais de
Duratius, dans l'emplacement qu'occupent aujourd'hui les casernes de cavalerie, et le couvent de femmes de la Règle, où est aujour-
d'hui le grand séminaire. Non loin de ce lieu,
dans l'emplacement actuel de l'évêché, on trouvait un petit bois où promenade publique
(*lucus*) jadis célèbre par un temple consacré à
Priape. Dans les faubourgs, on admirait la
crypte et l'église de Saint-Martial, où des prêtres
gardiens, origine du monastère de ce nom,
veillaient sans cesse autour des reliques véné-
rées, et l'église récente de Saint-Pierre du Quey-
roix. Un monument romain très-important, les
arènes, occupait la hauteur voisine. Aujour-
d'hui les arènes comblées sont devenues un

square, et sur l'église rasée de Saint-Martial on a construit un théâtre[1]. Ajoutez dans les bois, en différents sites, les monastères récents de Saint-Léonard, de Vigeois, de Saint-Junien, de Saint-Michel de Pistorie, et une vingtaine· d'oratoires ou d'églises dispersées : c'est à peu près tout ce que pouvait offrir le diocèse de Limoges à cette époque.

Cependant la foi y régnait généralement. Le petit nombre de Chrétiens était en raison du petit nombre d'habitants et n'était point contre-balancé par les anciennes religions du pays. Tout porte à croire par exemple que le druidisme avait entièrement disparu. Cette religion avait autrefois compté de nombreux adeptes en Limousin comme dans les autres provinces des Gaules. Les ruines des villes gauloises de Breth et de Tinténiac sont pleines de leur passage.

---

[1] ALLOU : *Limousin historique et monumental.* in-4º. — *Mémoires du Congrès scientifique de Limoges en* 1858. 2 vol. in-8º.

Un archéologue, M. Bonat, a compté dans le pays jusqu'à quinze dolmen; mais comme Limoges a été l'une des villes qui se sont jetées le plus franchement dans le parti romain dès l'époque de César, il est probable que les sévères ordonnances des empereurs Auguste et Claude, dont le dernier surtout avait défendu sous les peines les plus sévères l'exercice de ce culte, y furent plus rigoureusement exécutées que dans le reste de la Gaule, et que les druides quittèrent promptement cette contrée pour se retirer vers les bords de l'Océan où l'influence romaine avait moins de prise. Cette supposition est confirmée par le silence des légendes des saints, qui négligent absolument de parler de ces sectaires, pour s'étendre à tout propos et très-longuement sur le culte des idoles, culte tout romain, implanté par six siècles de pratique et de protection administrative. En 541 les canons du concile d'Orléans fulminent encore contre les idolâtres répandus dans le peuple; et en 549 le roi Childebert, prêtant à l'Eglise le secours du bras séculier, se croit obligé de publier une ordonnance ainsi conçue : « Quiconque ayant été averti qu'il y a dans son champ des idoles consacrées au démon, ne les aura pas ôtées, ou aura empêché les évêques de les briser, sera obligé de nous donner caution et de comparaître devant nous, afin que nous vengions l'injure faite à Dieu [1]. »

[1] CONCILIA GALLIÆ, t I. p. 300.

II

Eloi, *Eligius*, naquit à Chaptelac près Limoges,
en 588. Son père se nommait Eucharius, sa
mère Terrigia, et il avait un frère du nom
d'Alicius.

« Ses parents, dit l'historien qui fut son ami,
Audoenus [1], étaient de condition libre, et comp-
taient une longue suite de Chrétiens parmi leurs

---

[1] AUDOENUS (SAINT OUEN) : *Vie de saint Eloi, traduite en
français par M. Barthélemy.* 1 vol. in-8°., chez LECOFFRE.

aïeux. Ils étaient probablement citoyens de Limoges, anciens affranchis romains si l'on en juge à la terminaison de leurs noms. Vivant sous la protection des franchises municipales, et dans cette ville qui avait alors la réputation d'être « une boutique de diligence et une prison de fainéantise [1], » ils exerçaient une industrie qui avait prospéré ; car, outre leur métairie de Chaptelac, ils possédaient dans les faubourgs, tout à côté du sépulcre de saint Martial, une maison et une vaste propriété où s'écoula en partie l'enfance de notre saint.

L'histoire se tait sur ses premières années ; on sait seulement qu'il fut élevé dans une foi pure, et qu'il annonçait de précoces dispositions pour apprendre et pour s'exprimer avec facilité. Il allait fréquemment dans l'assemblée des fidèles, et prêtait attentivement l'oreille à ce qu'on disait des divines Écritures, l'écoutant avec plai-

[1] *Lemovica, officina diligentiæ, ergastulum desidiæ.*

3

sir et avidité, et le retenant dans la mémoire
de son cœur, afin de pouvoir dans la solitude
méditer ce qu'il avait appris [1].

Il montrait également un goût remarquable

[1] La tradition locale veut que le jeune Eligius ait commencé
par exercer à Chaptelac la profession de maréchal ferrant
avant de devenir orfèvre. Tous les antiquaires savent que
cette profession était autrefois beaucoup plus considérée
qu'aujourd'hui. Voici ce que nous écrit à ce sujet M. le curé
de Chaptelac :

« Vous me demandez si dans le lieu de la naissance de saint
Éloi, il nous reste quelques souvenirs de ce grand homme.

» Chaptelac est pauvre, très-pauvre, même en souvenirs.
Trois fers de cheval cloués sur la porte de l'église, voilà le
seul monument qui nous rappelle la mémoire du grand
artiste, de l'apôtre des Flandres.

» Nous avons encore le pré et la fontaine, il est vrai, de
saint Éloi, à quelque vingt pas de l'église où nos bons habitants font leurs dévotions le jour de sa fête, et quand quelqu'un
de la famille est atteint de convulsions ou d'oppressions.
Quant aux légendes, voici les seules que je connaisse :

» Un étranger (qu'on croit le diable) vint un jour faire
mettre un fer à son cheval par saint Éloi. Quand celui-ci
l'eût forgé, l'autre voulut voir s'il était solide, et le cassa;
Éloi en forgea un second qui fut cassé de même; le troisième
fut trouvé bon. Pour payer, l'étranger donna au saint une
pièce d'argent. Saint Éloi, voulant voir si elle était bonne, la
cassa en deux. Il lui en présenta une seconde, le saint la cassa

pour les œuvres d'art, et s'appliquant à faire
toute espèce d'ouvrage convenable à son âge,
il l'achevait avec une admirable adresse. C'est
pourquoi son père, frappé de ces dispositions,
le confia, pour l'instruire, à un homme hono-
rable nommé Abbon, orfèvre qui travaillait dans
le magasin public de la monnaie fiscale.

En ces temps éloignés, la profession d'orfèvre
ou d'argentier exigeait les talents divers de l'é-
mailleur, du fondeur, du ciseleur, du joaillier,
du lapidaire, de l'architecte. Peintre par les

encore. Il lui en présente une troisième en or, que le saint
ne put casser et qu'il accepta.

» Saint Eloi s'était qualifié sur son enseigne du titre de
Forgeron des forgerons.

» Un jeune apprenti (le Christ sans doute), qui feignait de
vouloir se perfectionner dans son art, vint travailler avec
saint Eloi. Ce jeune forgeron pour ferrer un cheval, au grand
étonnement d'Eloi, commence par couper la jambe du cheval, la porte à l'étau, cloue le fer, et la remet en place. Eloi
voulut en faire autant, il sut bien couper la jambe du cheval,
mais il ne put, à sa grande confusion, la lui remettre.

» ROUSSEAU, curé.

» Chaptelac, le 22 septembre 1864. »

incrustations, sculpteur par les ciselures, il était encore architecte par la forme monumentale de ses œuvres, et souvent la châsse n'était pas moins merveilleuse que la cathédrale.

On a beaucoup discuté pour savoir si Limoges, dont les orfèvres-émailleurs acquirent quelques siècles plus tard une si grande réputation, possédait cette industrie au temps de saint Eloi, et si elle y était née. Ce n'est guère ici le lieu de discuter une pareille question, qui demande de grands développements; il me semble cependant indispensable d'en dire un mot.

Le plus ancien texte où il soit mention de l'émaillerie, est de Philostrate, écrivain du IIIe siècle, qui vivait à la cour de l'empereur Septime-Sévère. *On rapporte*, dit-il, *que les barbares voisins de l'Océan étendent des couleurs sur l'airain ardent; elles y adhèrent, deviennent aussi dures que la pierre, et le dessin qu'elles figurent se conserve.* Mais quels étaient ces bar-

bares? Les uns veulent y voir les Allemands ;
d'autres les Vénitiens; d'autres les Bretons, parmi
lesquels on était obligé de compter les Limou-
sins, d'après le texte même de saint Ouen
quand il dit : *Limoges est une ville d'Armo-
rique située dans la Gaule ultérieure*[1]. Il me
semble qu'en conservant à la phrase de Philostrate sa signification générale, on peut conten-
ter tout le monde sans frustrer les compatriotes
de saint Eloi.

Un raisonnement d'un autre ordre est présenté
par l'abbé Texier dans son *Dictionnaire d'orfèvrerie.* « Les recherches archéologiques, dit-il,
qui ont mis à découvert toute la vie privée et
l'industrie des Romains, ne nous montrent jamais
d'émaux parmi les débris de leurs antiquités ;
on n'en trouve pas d'avantage de l'autre côté
du Rhin, ni en Hollande, mais seulement en
Angleterre et en France. »

[1] *Vita sancti Eligii*, cap. I.

On peut donc affirmer sans crainte que les Lemovices ont droit d'être comptés parmi les premiers peuples qui connurent l'émaillerie, et comme il est admis que certains débris émaillés, tels que le reliquaire de saint Maurice en Valais, cité par M. de Lasteyrie, le vase de bronze émaillé de Chassenon, indiqué par M. Ardant, le trésor de Gourdon, composé d'un plateau et d'une burette, le fourreau d'épée, les fibules et les abeilles du tombeau de Childéric, ont une origine antérieure au VIIe siècle, on peut admettre sans témérité que saint Eloi put et dut même connaître l'émaillerie en sa qualité de maître et la pratiquer.

Pour ce qui est de l'orfévrerie proprement dite et de l'incrustation des pierres précieuses et des verres de couleurs dans les métaux, cet art est tellement naturel aux peuples barbares, et se rencontre même aujourd'hui si universellement et si constamment, au dire des voyageurs,

chez toutes les tribus nouvelles, amies du clin-
quant et des couleurs vives, qu'il n'est pas du
tout nécessaire que les Romains aient eu la peine
de l'enseigner aux anciens habitants de la Gaule,
et les musées, comme les textes des anciens
auteurs, nous montrent à profusion ces bijoux
répandus chez nos ancêtres à une époque bien
antérieure à saint Eloi.

C'était donc une profession déjà sortie de
l'enfance de son art que celle dont notre Eligius allait demander les secrets à l'orfèvre Abbon. Ajoutons qu'elle était très-occupée. Comme
monnayeur, il avait à satisfaire non seulement
les besoins du trésor, mais encore la fantaisie de
tous les particuliers. En ce temps toute personne
qui avait des matières d'or ou d'argent pouvait
les faire peser, essayer et épurer par le monétaire, si elle voulait s'en servir en barres,
ou même, moyennant un léger droit dont parle
le capitulaire de Metz en 757, les faire sous ses

yeux convertir en monnaies. Il ne paraît point qu'en ce temps l'état répondît du titre des alliages employés : c'est sans doute pour en laisser la responsabilité à l'ouvrier, que le nom du fabricant est inscrit sur toutes les pièces dans les nombreuses monnaies des monastères, des villes, des leudes qui avaient des orfèvres sur leurs domaines. Pour le Limousin seul les lieux où l'on battait monnaie sous la race mérovingienne forment une liste de soixante-dix noms, et indiquent cent neuf monétaires, dans le savant travail de M. Deloche sur ce sujet. Comme fabricant de bijoux et d'ornements précieux, le travail de l'orfèvre au VIIe siècle n'était pas moins compliqué. Il lui fallait fondre, graver, ciseler et décorer de mille manières, les châsses pour les églises qui y enfermaient les reliques des saints, les crosses, les anneaux, les frontaux pour les évêques, les vases sacrés pour le saint sacrifice, les tabernacles où l'on conservait les saintes

espèces pour les malades, les devants d'autels,
les dyptiques, les croix, les fourreaux des
livres saints, les fermaux de chapes, etc.,
etc. Pour les grands seigneurs, les leudes
puissants, les villes, il fallait des poignées
d'épées, des fourreaux incrustés d'or, d'argent et de pierreries, des selles, des brides
de cheval, des poitrails comme en portent aujourd'hui les cavaliers arabes et orientaux, des
fibules ou agrafes pour les vêtements, des
vases, des coupes d'or richement décorées,
en un mot presque tout ce que le luxe mo-
derne lui demande encore, avec une beaucoup
plus grande complication d'ornements, et des
moyens d'exécution infiniment moins rapides.

L'historien contemporain rend à notre jeune
artiste ce témoignage, qu'il fut bientôt pleine-
ment instruit de son état, et qu'il commença
dès ce moment à être honoré de ses parents et
de ses compagnons, sans que ces éloges ex-

citassent en lui la moindre vanité, car il rapportait tout au Seigneur.

Amoureux de son état pour l'art lui-même, et sans autre ambition que de bien faire ce qu'il faisait, le futur favori des rois resta ignoré à Limoges jusqu'à l'âge de trente-deux ans. Il est assez probable qu'il avait succédé à Abbon dans sa charge, et qu'il continuait à l'exercer comme lui avec simplicité et honneur. L'histoire ne nous dit point s'il s'était marié, et quoique la tradition locale lui donne un fils et même en indique le nom, on est assez autorisé à croire qu'uniquement occupé de la passion artistique, et pénétré de cet esprit d'abnégation et de renoncement, qui à cette époque fit fonder et peupler tant de monastères, il persévéra jusqu'à son élévation aux honneurs de l'Eglise dans le célibat et la pratique des vertus cléricales.

Les œuvres d'orfévrerie qu'il exécuta pendant

celte période de sa vie ont été perdues, et nous serons obligés de répéter cette phrase désespérante, après la description de presque tous ses chefs-d'œuvre, car c'est à peine si quelques débris et quelques dessins ont survécu. « La haute valeur de ces monuments, dit M. Texier, leur a depuis longtemps porté malheur. Mieux protégées par leur petite dimension et par des enfouissements successifs, plusieurs pièces signées du nom de notre argentier sont venues jusqu'à nous. » Sans nous rendre garant des opinions personnelles, nous donnerons ici la liste de tout ce que des traditions respectables rattachent à l'œuvre de notre saint.

C'est sans doute pendant qu'il habitait encore Limoges qu'Eligius fabriqua le reliquaire de Brives, la croix et le calice de Chaptelac, les chandeliers de Saint-Etienne, l'encensoir de Saumur, les dyptiques de Poitiers, et les deux croix dites de Gramont, que le *Dictionnaire d'orfévrerie* indique parmi ses œuvres. Au risque de paraître prolixe, nous ne pouvons nous empêcher d'entrer ici dans quelques détails.

Avant 1790, on montrait dans l'église collégiale de Brives un buste d'argent en partie émaillé et attribué à saint Eloi. On arrive à justifier cette tradition en considérant qu'un titre de 900 est revêtu d'un sceau aux emblèmes anciens de la ville représentant trait pour trait le buste en question dont il était une figure. Si, comme il apparaît d'après ce texte, ce buste émaillé était antérieur à la fin du VIIIe siècle, son exécution se rapprocherait fort du temps où florissait saint Eloi.

La croix et le calice de Chaptelac sont cités par M. Texier, mais il paraît qu'on en a perdu la trace.

Un inventaire de 1365, cité par le P. Bonaventure de Saint-Amable dans son *Histoire de saint Martial*, indique comme appartenant à la cathédrale de Limoges deux chandeliers fabriqués par saint Eloi : *duo candelabra sancti Eligii.*

Dom Mabillon, en ses *Annales benédictines*, indique comme appartenant à Saint-Martin de Saumur un encensoir et son support *cum pedibus.*

Un inventaire du 11 septembre 1420, cité par M. Redet dans le *Bulletin du comité des arts*, montre qu'à cette époque on conservait au couvent de Sainte-Croix de Poitiers, fondé au VIe siècle par sainte Radegonde femme du roi Clotaire Ier, deux dyptiques ainsi désignés : *Tabulæ sancti Eligii.*

Quant aux deux croix dites de Gramont parce qu'elles ont appartenu à ce riche monastère fondé en Limousin en 1124. — L'une d'elles est ainsi décrite par un inventaire de 1666[1]. « Une

---

[1] Lors de la destruction de l'abbaye en 1790, l'évêque de Limoges, Mgr d'Argentré, donna cette croix au chapitre de

croix de cristal toute d'une pièce, haute de
plus d'un demi-pied, large de deux travers de
doigt, épaisse environ d'un travers de doigt,
garnie d'un petit tour d'argent doré, de pierres
vertes et perles. Au milieu de ce cristal est attaché
un crucifix d'argent doré très-bien travaillé;
d'un côté la Vierge, et de l'autre saint Jean,
de même matière et travail que le crucifix. Le
pied est carré, porté sur quatre petites figures
deux de lion et deux de bœuf, le tout d'argent
doré et fort bien travaillé. Sur le pied sont en-
chassées trois pierres, que quelques-uns prennent
pour des agathes, où il y a en bosse les images
de la Vierge, de saint Pierre et, de saint Paul.
Il est certain qu'il y en a eu une quatrième
qu'on ne trouve pas aujourd'hui, non plus que
quantité d'autres pierres et perles dont il était
orné; le tout haut d'un pied et demi à peu près.

Saint-Yriex; mais elle n'y est plus, et on ne sait pas ce
qu'elle est devenue.

Suivant la tradition cette croix est un ouvrage de saint Eloi. » — Voici la description de la seconde dans le même inventaire : « Une croix double d'argent doré par-dessus et de bois par-dedans, bien travaillée, ornée de toutes parts de perles et pierres précieuses, haute d'environ un pied et demi, large de deux travers de doigt, épaisse d'un pouce, sans pied. Au milieu du travers d'en haut, il y a un crucifix d'argent doré, et à l'autre une petite croix de bois de celle de Notre-Seigneur. » Et ailleurs : « de l'ouvrage de saint Eloi [1]. »

Le savant et modeste président de la Société archéologique du Limousin, M. Maurice Ardant, paraît fort tenté d'attribuer au même maître le vase de bronze émaillé, découvert par lui à

[1] Cette croix, attribuée par l'inventaire à saint Eloi, est une œuvre de beaucoup postérieure au saint orfèvre. Elle a tous les caractères du commencement du xiiie siècle : le travail de filigrane en argent doré qui couvre la face principale est merveilleux de finesse et de souplesse, il encadre des pierreries et quelques pierres gravées.

Chassenon, quand il dit à propos du calice de Chelles, dont il sera question plus loin : « On est frappé, quand on a les deux dessins sous les yeux, de la ressemblance pour la disposition de l'orne-mentation entre le vase antique émaillé trouvé près de Rochechouart et le calice de saint Eloi. Les compartiments sont les mêmes dans le sens vertical. » Ce vase, décrit dans l'ouvrage *Emailleurs et Emaillerie de Limoges*, est émaillé par incrustation d'après le procédé appelé taille d'épargne. On ne peut contester son origine gallo-romaine, puisqu'il était accompagné de bracelets d'argent massif, de bagues et d'anneaux d'or et d'argent évidemment fabriqués par des ouvriers gaulois. Quel que soit le nom de l'artiste qui l'exécuta, il prouve très-nettement que les Gaulois connaissaient l'art de fabriquer et d'incruster les émaux longtemps avant les Grecs de Byzance auxquels quelques savants les attribuent.

On trouve dans l'ouvrage de M. Deloche,

Géographie de la Gaule, l'indication et le dessin d'une monnaie mérovingienne frappée à Limoges et signée du nom de notre monétaire. C'est un tiers de sou d'or fort usé. D'un côté il représente une tête ornée d'une couronne de perles, terminée à l'extrémité inférieure par trois perles ou grosses boucles de cheveux retombant sur le cou. Le buste est orné d'une rangée de perles à sa base. On lit autour : DOVEVS REXIIX. Au revers est représentée une croix ancrée, fichée sur un globule. Sous les bras se lit : ELIGI, et autour LIM... CIV...

III

Saint Eloi à la cour de Clotaire II. — Les deux selles. --
Critique du siége de Dagobert.

Les historiens Fleury et Godescard fixent à
l'année 620 l'époque où le jeune monétaire limousin, ayant été attiré à la cour par quelque
affaire, y fut retenu par un trésorier du roi
nommé Rabbon, et se mit à travailler pour les
familiers du palais, sous son patronage et sa
direction.

Le trône était alors occupé par Clotaire II.
Ce prince, que les historiens nous représentent
comme un monarque débonnaire, instruit dans

les lettres et craignant Dieu[1], était sur le trône
depuis l'an 613, et réunissait dans ses mains
les trois couronnes de Neustrie, d'Austrasie et
de Bourgogne, divisées depuis la mort de Clovis.
Il était fils de Chilpéric et de Frédégonde, et
son enfance s'était écoulée au milieu des guerres,
des meurtres et des désordres qui signalèrent la
lutte célèbre de cette reine contre Brunehaut,
veuve de Sigebert, sa belle-sœur. Il avait dû en
garder une pénible impression, car l'histoire de
ce temps est horrible.

Les commencements de Clotaire II s'étaient
ressentis de cette barbarie sauvage. C'est lui qui
s'étant emparé de Brunehaut et de ses deux petits-
fils, fit d'abord tuer les deux enfants, puis ayant
tourmenté la vieille reine par divers supplices
pendant trois jours, la fit conduire à travers toute
l'armée sur un chameau, et attacher ensuite, par
les cheveux, les pieds et un bras, à la queue d'un

[1] Audoenus : *Vita sancti Eligii.*

cheval dont les coups de pied et la course furieuse dispersèrent ses membres dans la campagne.

Maintenant, sous la tutelle de trois maires du palais, Varnaker pour la Bourgogne, Pradon pour l'Austrasie, et Gundoland pour la Neustrie, et sans cesse rappelé à la vertu par les nombreux évêques qui vivaient à sa cour, saint Didier, saint Romain, Faron, saint Arnoul, Goëric, et retenu par la puissance du clergé, qui venait de se manifester sans restriction dans les statuts du concile de Paris, il vivait avec une certaine modération, sans toutefois qu'on puisse le disculper des grandes passions de sa famille, l'amour effréné de la chasse et la facilité aux suggestions des femmes [1].

Voici comment, au rapport de saint Ouen, le jeune orfèvre Eloi fut présenté à Clotaire II. Ce prince voulait faire fabriquer une selle d'or (*sel-*

[1] FRÉDEGAIRE.

lam) [1] ornée de pierres précieuses; mais il ne se trouvait personne dans le palais qui pût entreprendre cet ouvrage tel qu'il en avait conçu le projet dans son esprit. Le trésorier du roi, qui avait reconnu depuis longtemps l'adresse et le

[1] La traduction du terme *sella*, employé par saint Ouen, a depuis longtemps beaucoup embarrassé les agiographes. Malgré la tradition, dit Montigny le premier traducteur de saint Ouen, qui veut que ce fut une selle de cheval, la plupart des commentateurs ont adopté le sens de trône ou fauteuil. M. Texier, M. Ardant, M. Gresy et la plupart des modernes se sont rangés à cette version. Je {paraîtrai sans doute téméraire en revenant sur cette question ; mais il me semble que si l'une des œuvres du saint fut incontestablement un fauteuil, l'autre pourrait bien être une vraie selle. Les selles couvertes de plaques d'or et de pierreries sont encore très-communes en Orient et en Afrique; il en existe deux beaux échantillons au Louvre. Rien n'empêche que Clotaire, prince luxueux et ami de la chasse, ait eu la fantaisie d'une de ces selles. D'autre part, en faisant une selle et un trône, l'artiste montrait bien mieux la variété de son talent qu'en faisant deux fauteuils plus ou moins pareils. Enfin, dans cette hypothèse, on comprendrait que la plus précieuse des deux œuvres ait été usée et perdue dans les guerres, et que le siége seul, moins facile à transporter, ait échappé à l'injure des temps, tandis que s'il s'est agi de deux trônes, on ne conçoi pas l'oubli où est resté le premier.

talent d'Eloi, l'interrogea adroitement pour savoir
s'il pourrait faire ce que le roi désirait ; et ayant
acquis la certitude qu'il en viendrait facilement à
bout, il alla trouver le prince et lui apprit qu'il
avait rencontré un ouvrier industrieux disposé
à entreprendre sans délai ce qu'il désirait. Le roi
plein de joie lui fit donner une grande masse d'or
que celui-ci mit à la disposition d'Eloi. Eloi se
mit promptement au travail et le termina avec
une grande diligence ; et ce qu'il avait reçu pour
un seul ouvrage, il le fit servir à deux ; travaillant
sans aucune fraude et sans soustraire un seul
grain de l'or qu'on lui avait confié, contre l'habitude des ouvriers qui s'excusent de ces sous-
tractions en se rejettant sur les parcelles qu'em-
porte la lime ou que la flamme du fourneau
altère. L'ouvrage étant donc achevé, il le porta
aussitôt au palais et livra au roi la *selle* qu'il lui
avait commandée. Le prince se mit à admirer le
travail et à vanter son élégance, et ordonna que

sur-le-champ on remît à l'artiste une récompense digne de son talent. Mais à ce moment, Eloi ayant tiré l'autre pièce du lieu où il l'avait mise en réserve, « Je n'ai rien voulu perdre, dit-il à Clotaire, et de l'or qui m'est resté j'ai fait ce *siége.* » Le roi, surpris et rempli d'une plus grande admiration, interrogea l'ouvrier pour savoir comment il avait pu avec la matière d'un seul ouvrage en faire deux ; et comme Eloi répondait avec beaucoup d'esprit à toutes ses demandes, le roi élevant la voix, « On peut juger, lui dit-il, d'après cette action, de la confiance qu'on peut avoir en vous pour de plus grandes choses. »

La récompense d'une si belle action ne se fit pas attendre, puisque de ce temps-là le roi voulut qu'il vînt habiter son palais, et en fit son monétaire [1].

Quant aux deux chefs-d'œuvre d'Eloi, l'un d'eux a complétement disparu. En admettant que

AIMOIN : *Histor. Francorum*, lib. IV. cap. XV.

l'autre soit le siége dit de Dagobert, que l'on
conserve au musée du Louvre, et qui provient de
l'abbaye de Saint-Denis, où il servait, disent les
annalistes, à faire asseoir les rois quand ils étaient
intronisés, ce ne pourrait être que le deuxième
chef-d'œuvre du saint et non celui que le roi
avait commandé. Car le texte dit expressément
que le premier était d'or, et celui-ci n'est qu'en
bronze gravé et doré. Mais on comprend très-bien
qu'après avoir exécuté la *selle* conforme aux instructions du roi, l'artiste ait voulu mettre à profit
pour son deuxième siége les connaissances qu'il
avait acquises dans son pays sur l'art d'émailler
et de dorer le bronze, et ait exécuté avec cette
matière ce que la quantité restreinte d'or qu'on
lui avait confié ne permettait pas de compléter
avec ce précieux métal.

Un savant académicien, M. Normand, a publié
dans les *Mélanges d'archéologie et d'histoire* un
long mémoire où il établit que la partie inférieure

de ce siége est bien l'œuvre de saint Eloi, et où
il fait la part du travail de l'artiste auquel Suger,
abbé de Saint-Denis, en confia la réparation au
XII° siècle.

Tel qu'il est aujourd'hui, le siége royal présente un trône sans fond, plus haut que nature,
avec un dossier et des bras qui semblent de beaucoup postérieurs au reste. Les quatre pieds for-
meraient donc toute l'œuvre du saint. Ils sont
remarquablement beaux. Chacun d'eux est double
et décrit une courbe régulière fort gracieuse. Le
bas se termine par des griffes de lion ; le haut
par la gueule ouverte d'un animal fantastique
dont le cou est orné de sortes d'écailles au burin.
Les deux pieds antérieurs et les deux postérieurs
sont réunis par une croix de saint André ornée
de gravures sur la longueur, et d'un dessin de
fleurs à l'entrecroisement. Une main maladroite
a soudé à ce siége, avec du fer de forge, un
dossier terminé en angle, et des galeries en forme

5

de bras qui sont assez bien ornées par des jours représentant divers jeux de compas. Les deux bras du fauteuil sont terminés antérieurement par deux pommes d'inégale grosseur, et postérieurement par deux têtes frisées à l'antique. Toute cette partie est de bronze doré comme les pieds. On est frappé de l'absence des pierreries, si communes dans l'orfévrerie de cette époque. Sans aucun doute, l'ancien dossier et les bras fondus par saint Eloi devaient en présenter, mais le restaurateur les aura supprimées.

I V

La faveur et la fortune s'attachent à l'orfèvre Eloi. — Il
devient l'ami du roi Dagobert. — Sa piété. — Ses amis. —
Ses travaux pour les tombeaux des saints.

Notre artiste était d'une haute stature, d'un
visage coloré; sa chevelure et sa barbe étaient
belles et frisaient naturellement; ses mains étaient
bien faites, et ses doigts étaient longs; sa figure
respirait une douceur angélique; son regard était
simple et prudent [1]. »

Obligé de vivre au milieu des grands, et d'accompagner la cour, soit à Paris, soit dans les

[1] AUDOENUS : *Vita sancti Eligii*, cap. xii.

résidences royales de Rueil ou de Compiégne, que Clotaire affectionnait, il s'habillait au goût de l'époque, d'une manière très-riche. « Il portait des habits couverts d'or et de pierres précieuses, des ceintures rehaussées d'or et de pierreries, et des bourses élégamment semées de perles. Ses robes étaient de lin et toutes ruisselantes d'or, et les bords de son manteau couverts de broderies pareilles. Enfin tous ses vêtements étaient très-riches, et quelques-uns même étaient tout de soie [1], » étoffe, qui au VIIe siècle, était encore plus précieuse que l'or.

Tel était son extérieur dans les premiers temps qu'il était à la cour, et il agissait ainsi pour éviter la singularité; mais sous ses riches habits il avait coutume de porter un rude cilice [2]. Du reste, il vivait dévotement au milieu du luxe. Il avait dans sa chambre beaucoup de reliques des saints, et plusieurs livres sacrés qu'il lisait et méditait,

---

[1] AUDOENUS : *Vita sancti Eligii*, cap. XII. — [2] Ibid. cap. IX.

recueillant sur diverses fleurs et en différents lieux, comme une prudente abeille, ce qu'il y avait de meilleur, pour le déposer ensuite dans la ruche de son cœur [1].

Dès les premiers temps, il s'était lié avec les jeunes gens les plus vertueux et les plus honorables du palais; avec Audoénus, qui devait bientôt devenir référendaire et plus tard évêque de Rouen; avec Didier, trésorier du roi et depuis évêque de Cahors; avec Paul, qui fut évêque de Verdun; Sulpice, qui devint évêque de Bourges; les frères Syagre et Rustique, qui furent illustres, l'un dans l'Eglise, l'autre dans le siècle. Il avait formé avec eux comme un petit cénacle où chacun s'exerçait à la plus étroite perfection.

L'estime qu'on avait pour Eloi était telle, que le roi ne faisait jamais peser l'or, l'argent et les pierres qu'il lui envoyait pour les travaux de son état. Tous les hommes de bien l'admiraient et le

[1] AUDOENUS : *Vita sancti Eligii*, cap. XII.

chérissaient. La charité, la douceur, la longani-
mité l'accompagnaient dans tout ce qu'il faisait.
Il aimait Dieu de tout son cœur, de toute son
âme, de toutes ses forces. Il était d'une humeur
douce, d'un visage ouvert, d'un abord agréable.
Il était réglé et modéré dans toute sa conduite et
dans ses manières, humble dans sa sagesse, et
montrant toujours l'exemple des bonnes œuvres
plus par ses actions que par ses paroles. Il châtiait
son corps par la faim, préférant le jeûne aux
festins, consolant l'affligé, mettant son espérance
en Dieu, et ne préférant rien à l'amour du
Christ [1].

Pendant huit ans, notre artiste vécut ainsi à
la cour de Clotaire II, sans avoir cessé un instant
de faire l'édification de ceux qui le connaissaient.
Lorsqu'en 628 la mort du vieux roi eut appelé
Dagobert sur le trône, la faveur dont l'entoura
ce prince surpassa encore ce qu'avait fait son

[1] AUDOENUS : *Vita sancti Eligii*, cap. IX.

père. Elle fut si grande que quelques seigneurs
en prirent ombrage; mais les gens de bien qui
connaissaient son caractère savaient qu'il n'était
point homme à s'en prévaloir.

Les historiens sont unanimes à dire que les
commencements du règne de Dagobert furent
très-brillants. « C'étaient les derniers rayons de
la splendeur mérovingienne prête à s'éteindre. Les
grands étaient étourdis des vigoureux débuts de
ce jeune roi, si beau, si fier, si actif; les clercs
l'aimaient pour ses largesses envers les églises;
les masses populaires respiraient sous la protection de sa hache; les leudes, les évêques, les
ambassadeurs étrangers admiraient la magnifi-
cence de sa cour. Dagobert égalait en faste les
monarques d'Orient. Les pierres précieuses étin-
celaient sur les bandeaux et sur les ceintures
d'or des femmes et des officiers de son palais.
Les soies éclatantes de la Chine, que les mar-
chands syriens apportaient d'Asie en Gaule et y

vendaient au poids de l'or, couvraient le roi et ses courtisans, et Dagobert siégeait aux jours de fêtes sur le trône forgé par le célèbre orfèvre. Si altéré que fut le goût antique, les arts de luxe qui flattaient l'orgueil des conquérants barbares étaient moins déchus que les arts essentiels. Cette pompe extérieure, semblable à celle des rois orientaux, ne déguisait pas, comme chez la plupart d'entre eux, la mollesse et l'impuissance[1].

Ce fut pendant cette première période de son règne, que Dagobert fit réviser et écrire le corps de la *Loi ripuaire*, qu'il reçut l'hommage des Lombards, qu'il fit payer sa protection deux cents mille sous d'or au roi espagnol Sisenaud, et soumit les Vascons. Mais bientôt les efforts qu'il fit pour se délivrer de la tutelle du maire du palais, Pépin, que les leudes lui avaient imposée, excitèrent contre lui la méfiance. On lui reprocha de surpasser tous ses devan-

[1] H. MARTIN : *Hist de France*, t. I.

ciers en licence de mœurs et de donner à ses
sujets l'exemple de la polygamie ; il fut accusé
d'exactions pour soutenir son luxe, et on lui fit
un crime de dépouiller certaines églises et certains monastères pour en combler d'autres,
comme par exemple celui de Saint-Denis, qu'il
enrichit de biens immenses et transforma d'une
simple chapelle en un splendide monument.

Au milieu de ces événements, Eloi ne ces-
sait de faire des chefs-d'œuvre et de s'élever
en sainteté. C'est l'époque de ses plus grands
travaux. La croix et la châsse de saint Denis,
celles de saint Martin de Tours, de saint Germain, de saint Séverin, de sainte Colombe, de
sainte Geneviève, œuvres merveilleuses qui faisaient l'admiration des contemporains, et dont
il ne reste que des regrets. Il avait autour de
lui des élèves qui partageaient non seulement
ses travaux, mais encore ses œuvres de piété.
Les plus célèbres était Thillon (Thau) d'origine

saxonne, qui embrassa plus tard la vie religieuse,
et Bauderic son affranchi. Son atelier était tellement remarquable, qu'un étranger venant d'I-
talie ou d'Espagne, ou de quelque autre province
alliée, n'allait point trouver le roi avant d'avoir
visité notre saint [2].

N'est-ce point une pensée désolante, que de
songer au sort de toutes ces œuvres d'art, fondues
peut-être par quelque personnage cupide, ou
pillées dans la guerre et à jamais perdues pour
les arts?

La croix d'or que le roi Dagobert avait fait
exécuter par Eloi pour être placée au bout du
chœur de Saint-Denys, derrière le maître-autel,
existait encore au moment où écrivait l'auteur
des *Gesta Dagoberti*, qui en fait le plus grand
éloge. Elle était de hauteur d'homme, exquise par
le travail comme par la matière, et les orfèvres
du temps assuraient qu'on ne pourrait trouver un

[1] AUDOENUS : *Vita sancti Eligii*, cap. x.

ouvrier comparable à Eloi pour la délicatesse du travail de lapidaire et d'enchâsseur de pierres [1].

Le tombeau du saint n'était pas moins bien orné. Le marbre en était couvert d'un admirable travail resplendissant d'or et de pierreries avec des vases et des sculptures sur le frontispice. Des pommes d'or enrichies de pierres précieuses décoraient les coins de l'autel qu'il construisit au pied du monument avec un revêtement merveilleux. Enfin une grille qui entourait le monument était aussi sortie de ses mains [2].

Citons encore à Saint-Denis la monture en or d'un petit vase de chrysolite, couleur vert de mer. Elle était semée de saphirs, grenats, émeraudes, et de soixantes perles orientales. Suger, dans le livre où il rend compte de son

[1] *Gesta Dagoberti*, ap. DUCHESNE, t. I.
[2] AUDOENUS: *Vita sancti Eligii*, cap. XXXII.

administration, en fait le plus grand éloge [1].

La châsse de saint Martin de Tours est aussi indiquée par saint Ouen : « Le roi Dagobert fournit à cette dépense. Eloi couvrit le tombeau du saint d'un travail admirable d'or et de pierres précieuses [2]. »

Quant aux châsses de saint Germain, de saint Séverin, de sainte Colombe et de sainte Geneviève, leur nom seul a survécu, et nous n'avons pas même, comme pour les précédentes, une courte description qui puisse nous consoler de leur perte.

[1] Texier : *Dictionnaire d'orfévrerie.*
[2] Audoenus : *Vita sancti Eligii*, cap. xxxiii.

V

.

Ce fut également dans les premières années
de la faveur de Dagobert, vers 631 , qu'il faut
placer la fondation que fit saint Eloi de l'abbaye
de Solignac. Le roi, dit l'historien que nous suivons , aimait tellement sa compagnie , que souvent
abandonnant les grands de sa cour, les ducs et
les évêques, il se renfermait avec lui pour
conférer en secret ; et tout ce qu'Eloi lui de-

mandait, il l'accordait, sachant bien que ses
présents ne profiteraient pas à un seul, mais à
un grand nombre.

Entre autres choses, il lui demanda une
maison de campagne, située sur le territoire de
Limoges et appelée Solignac (*Solemniacum*),
et il disait à Dagobert : « Seigneur, mon roi,
que votre sérénité daigne m'accorder cette terre,
afin que je puisse y construire une échelle et pour
moi et pour vous par laquelle nous méritions
l'un et l'autre de monter au royaume céleste. »
Le roi, selon son habitude, consentit à la demande d'Eloi, et l'ordre en ayant été donné
et signé, cette terre lui fut concédée sans
retard.

Mabillon a conservé la charte que saint Eloi
rédigea pour la fondation de Solignac. C'est à
la foi un monument littéraire et historique d'une
haute importance. Voici la traduction qu'en
donne M. Ch. Barthélemy :

Charte de saint Eloi pour le monastère de Solignac,
tirée d'un manuscrit de cette abbaye.

Au nom du Père, et du Fils, et du Saint-Esprit. Ainsi soit-il. Moi Eloi, serviteur de tous les serviteurs du Christ, à la très-sainte et première église que j'ai construite, avec l'aide de Dieu, en l'honneur de saint Pierre et de saint Paul apôtres, de saint Pancrace et de saint Denys et ses compagnons, de saint Martin, de saint Médard et de saint Germain (de Paris), confesseurs, dans le faubourg (c'est-à-dire dans le territoire) de Limoges, sur la terre et dans la propriété de Sollemniac, et où, comme on le sait, habitent, sous la protection du Christ, le vénérable Remacle, abbé, avec les autres frères. Salut.

Les législateurs ont déterminé, en termes très-précis, les règles que la fragilité humaine doit observer en toute chose; et ils ont dit que

la seule déclaration des biens faite devant les
juges suffisait lorsqu'il s'agissait d'une cession
ou transport. C'est pourquoi je me présente
devant vous en suppliant; et, considérant le poids
de mes péchés, et voulant mériter d'en être délivré
et d'être secouru par le Seigneur, je vous donne
de petites choses en échange de grandes choses,
les biens terrestres en échange des biens célestes,
les richesses temporelles en échange de celles
de l'éternité. Je veux céder, et je transporte de
mon droit à votre domaine la susdite propriété
de Sollemniac, qui m'est venue de la munificence
du très-glorieux et très-miséricordieux seigneur
Dagobert, roi des Francs; je vous la donne
avec les édifices qui sont bâtis sur cette terre
ou au dedans des murs de la cité (de Limoges);
j'y joins tout ce qui l'environne, avec les habitants qui y sont nés, ses locataires et les esclaves
ou cultivateurs qui y demeurent; je donne toutes
les propriétés qui en dépendent, les vignes, les

prés, les pâturages, les forêts, les arbres fruitiers ou non fruitiers, les eaux ou les conduites
d'eau, leurs allées et leurs retours; j'y joins les
mobiliers, c'est-à-dire tous les meubles et im-
meubles, dans leur intégrité et tels que je les
ai reçus et possédés jusqu'ici : ce sont tous les
animaux, les bêtes de somme et les troupeaux,
ainsi que la vaisselle et tout ce que renferme
une maison meublée sans recherche : je vous
donne tout cela dans l'état où je l'ai reçu, et tel
que je l'ai possédé jusqu'à présent, avec tout ce
qui en dépend, comme j'en ai fait la déclaration
plus haut. Après avoir retiré la juridiction que
j'avais sur toutes ces choses, je les livre à votre
domaine, et au nom de Dieu, pour être possé-
dées à jamais par vous ou par vos successeurs
qui habiteront dans le susdit monastère; j'en
excepte pourtant mes affranchis que j'ai délivrés
de l'esclavage par les lettres de grâce ou par
un denier : je vous les confie, afin qu'ils de-

meurent dans une entière liberté, et que vous
les protégiez et les défendiez en toute occasion.
Je confirme de nouveau cette cession, mais *à
la condition* que vous ou vos successeurs vous
suivrez le sentier de la religion, tracé par les
hommes très-saints du monastère de Luxeuil,
et que vous observerez exactement *la règle des
bienheureux pères saint Benoît et saint Colom-
ban*. Que l'évêque (de Limoges), ou quelque
autre personne que ce soit, excepté le prince
très-glorieux qui nous gouverne, ne puisse avoir
une entière puissance et un plein droit sur ce
qui appartient au susdit monastère, tant les
personnes que les choses. Si quelqu'un (ce que
je ne crois pas devoir arriver) voulait s'opposer à
cette petite cession de mes biens, que j'ai présentée de mon propre mouvement et sans y être
obligé par aucune autre considération que ma
volonté, et que j'ai offerte à Dieu tout-puissant
pour la félicité des rois, le remède de mon âme,

la paix du peuple et le repos des serviteurs de Dieu.... que la colère du Dieu tout-puissant vienne sur lui, et qu'il paie aux droits du fisc dix livres d'or et vingt marcs d'argent. Enfin que ma cession soit confirmée pour toujours. J'ose aussi vous supplier, prince très-clément, et vous prier par le Roi des rois qui tient dans sa main tous les empires de ce monde, de ne jamais souffrir qu'on enfreigne en quoi que ce soit cette libre cession de ma volonté. Vous aussi, bienheureux père Remacle, abbé, je vous supplie, vous et vos successeurs, ou ceux qui viendront après vous, et je vous prie par la majesté de l'indivisible Trinité et par cette troupe innombrable de tous les saints anges, archanges, patriarches, prophètes, apôtres, martyrs et confesseurs, de garder avec tout le soin possible, la règle des susdits pères que l'on observe dans le monastère de Luxeuil, dont j'ai si souvent parlé, et de vous livrer sans cesse aux veilles, et de vous répandre sans cesse en supplications pour apaiser la colère du Seigneur. Que si, à cause de la tiédeur ou de l'orgueil de ceux qui vous seront soumis, la règle se relâche et que vous soyez obligé de l'adoucir, vous ou vos successeurs ; s'il arrive encore qu'elle soit négligée en quelque chose, et qu'elle ne soit pas remplie avec ferveur et crainte de Dieu ; l'abbé de Luxeuil qui gouverne alors ce monastère, d'où selon les réglements, et selon notre bon plaisir, il nous a plu de vous choisir pour vous mettre à la tête des autres religieux dans le monastère de Solignac ; l'abbé de Luxeuil aura la permission de châtier avec douceur celui qu'il saura ou verra négligent, soit l'abbé, soit le religieux de ce monastère, que j'ai établi, afin qu'étant repris et corrigé sur-le-champ, il soit trouvé digne de pouvoir supplier sans cesse la miséricorde du Seigneur pour la félicité et la gloire du prince, et pour l'absolution de mes péchés. Enfin, qu'aucune diminution ne soit jamais faite, en aucun

temps, aux possessions modiques, il est vrai,
que j'ai données et cédées, en outre de celles
que le prince, dont j'ai souvent parlé, m'a données par une charte signée de sa main. Et parce
qu'ainsi que je l'ai dit et prouvé plus haut, j'ai
et je possède ces petits dons que je tiens de la
générosité du très-chrétien et très-miséricordieux
seigneur Dagobert, roi; et afin qu'au nom de
Dieu, cette lettre de la cession que je fais
obtienne un résultat durable, je l'ai présentée
au susdit prince pour qu'il y mît son sceau. Sa
miséricorde a promulgué l'autorité de cette
charte, qu'il a établie et fortifiée de sa main
très-fidèle. Et pour confirmer ma promesse et
mon engagement, j'ai souscrit de ma propre
main cette charte de la cession que je fais; j'ai
en même temps prié d'y souscrire, comme
témoins, ceux dont les noms suivent.

Cette cession a été faite le dixième jour des
calendes de décembre, la dixième année du règne

heureux de notre maître et seigneur Dagobert, roi[1]. Au nom du Christ, moi, Eloi, serviteur des serviteurs de Dieu, j'ai fait cette cession aux religieux de Solignac. Au nom de Dieu, moi, Adéodat, évêque (de Mâcon), à la requête de l'homme de Dieu, mon fils, le seigneur Eloi, j'ai souscrit cette cession. Au nom du Christ, Madegisole, évêque (de Tours), j'ai souscrit. Chanoald, évêque (de Laon), à la requête d'Eloi, j'ai souscrit cette charte de sa cession. Maurin, évêque (de Beauvais), à la requête d'Eloi, j'ai souscrit cette charte de sa cession. Deoremus (ailleurs Deotemius), pécheur, à la requête du susdit, j'ai souscrit. Salapius (de Nantes, sans doute évêque de cette ville), à la requête du susdit, j'ai souscrit. Au nom du Christ, moi, Loup (de Limoges), bien que je

[1] La supputation des années est ici faite à partir du moment où Clotaire II associa son fils au trône, et non de l'époque de sa mort

sois un indigne évêque, à la requête d'Eloi, j'ai souscrit cette lettre. Hildegaire (de Sens), pécheur, j'ai souscrit. Arogectual, j'ai souscrit comme témoin pour Eloi. Gundoën, j'ai souscrit. Chramnoald, Agoriche, Childerannion ou Bason, à la requête de mon susdit frère Eloi, j'ai souscrit. Ansoald, j'ai souscrit. Dadon (saint Ouen), à la requête du susdit. Radon, à la requête du susdit. Prodobert (Rodobert, depuis évêque de Paris), j'ai souscrit. Bason, Bobon, Vincent, le plus petit de tous les diacres du Christ, à la requête de mon fils Eloi, j'ai écrit et souscrit cette charte de cession. »

La signature de saint Eloi trouve naturellement sa place à la suite de cette charte. La voici, très-fidèlement reproduite :

« Le monastère de Solignac, poursuit saint Ouen, était le plus grand qu'on eût encore vu. Eloi le peupla d'hommes de Dieu, y établit un abbé et mit sous sa dépendance plusieurs de ses serviteurs. Le nombre des moines qui y accoururent de diverses provinces, dépassa bientôt cent cinquante. Le saint affecta à leur entretien les revenus de cette terre, qui leur suffirent abondamment. Il avait un si grand amour pour ce lieu, que tout ce qu'il pouvait se procurer, tout ce que le roi ou les grands du royaume lui donnaient, il le destinait à Solignac. Vous eussiez vu les chariots traîner de grands fardeaux, et la vaisselle et les meubles soit d'airain, soit de bois, nécessaire à cette maison : des vêtements, des couvertures et du linge de table, ainsi qu'un grand nombre de volumes des saintes Ecritures, enfin tout ce qui peut être utile à un monastère.

» Je suis allé moi-même à Solignac, et j'y ai

vu une si grande observance de la règle sacrée,
que la vie de ces moines est presque unique en
son genre, lorsqu'on la compare à celle des
autres monastères de la Gaule. Cette congré-
gation est maintenant très-grande, et ornée,
comme de différentes fleurs, par les grâces que
Dieu lui a accordées. Là se trouvent plusieurs
ouvriers habiles dans différents arts ou métiers,
et tous se sont élevés à la plus haute perfection
par la crainte du Christ, et par leur obéissance
prompte à faire tout ce qu'on leur commande.
Nul, dans cette maison, ne revendique jamais
rien comme lui appartenant en propre. Mais,
comme on lit dans les Actes des Apôtres
« Tout est commun à tous ; » ce lieu est si
fertile et si agréable, que lorsqu'en y allant,
on s'avance entre une forêt d'arbres fruitiers
et le frais ombrage des jardins, la vue de toutes
ces merveilles arrache au voyageur étonné ces
paroles d'admiration : « Que vos demeures sont

agréables, ô Jacob ! et que vos tentes sont belles, ô Israël ! » Ce sont comme des bois touffus et des cèdres plantés sur le bord des eaux, et c'est en quelque sorte un paradis arrosé par un fleuve. Salomon avait sans doute en vue ces saintes demeures lorsqu'il disait : « Les habitations des justes seront bénies ! » Ce monastère est situé non loin de la ville de Limoges, à six milles environ vers le midi ; il est entouré d'un mur non de pierres, mais fermé par une haie qui s'élève par delà un fossé de près de dix stades de circuit ; d'un côté il est borné par une très-belle rivière (la Briance), dont la rive opposée s'élève en colline couverte d'arbres et environnée de rochers ; un jardin fruitier forme l'enceinte du monastère ; et dans cet asile, l'esprit le plus mélancolique est agréablement récréé et se félicite de posséder une partie des délices du paradis [1]. »

[1] AUDOENUS : *Vita sancti Eligii*, cap. XVI.

Le monastère de Solignac fut pendant nombre
de siècles une école d'orfèvrerie où se conser-
vaient les traditions du maître. Aujourd'hui, si
le voyageur cherche quelque trace de cette ancienne splendeur, il trouvera les fourneaux des
orfèvres disciples de saint Eloi remplacés par
les fours plus modernes d'une fabrique de por-
celaines. Mais il pourra toujours admirer les
beautés, inattaquables par l'homme, d'un site qui
n'a pas vieilli : et dans une grande et belle
église byzantine, il vénérera quelques ossements
du saint fondateur de ce monastère, et une
châsse émaillée que la tradition lui attribue.

L'année qui suivit l'installation des béné-
dictins de Solignac, la piété toujours ardente
de saint Eloi, obtenait à Paris même de la munificence royale une autre maison pour y fonder un monastère 'de filles. L'emplacement qu'a
occupé ce monastère était dans la Cité, et a
porté depuis le nom de *ceinture saint Eloi*

(*cingulum sancti Eligii*). Il s'étendait « du midi au septentrion depuis la rue de la Calandre jusqu'à la rue de la Vieille-Draperie, et d'occident en orient depuis la rue de la Barillerie jusqu'à la rue aux Fèves ou au Fèvre. »

Éloi avait choisi cet endroit parce qu'il y possédait déjà une maison qui fut envahie par les constructions du côté de la rue au Fèvre, avec ses dépendances, et aussi parce que dans le voisinage se trouvait une ancienne église de saint Martial, patron du Limousin, dont il voulait faire un protecteur pour ses filles. Le monastère fut bientôt élevé : trois cents religieuses de diverses nations, tant esclaves que des plus nobles familles de France, y furent assemblées, probablement sous la règle de saint Césaire d'Arles. Et il leur donna pour abbesse une pieuse vierge d'origine syrienne, nommée Aurée, que l'Eglise a placée au nombre des saintes [1].

[1] Jacques Quetif : *Vie et Légende de sainte Aurée*, Paris,

L'affection de notre saint pour ces pauvres filles était si grande, qu'afin de leur éviter d'être séparée même après la mort, et à cause d'une ordonnance qui défendait d'enterrer dans l'intérieur de la cité, il leur fit construire pour cet usage l'église cimetériale de Saint-Paul hors des murs, qui donna son nom à *la culture saint Eloi*, l'un des quartiers du vieux Paris.

On conservait encore en 1625, dans l'église de Saint-Martial de Paris, un fragment du bras de saint Eloi enchâssé d'argent; un linge taché de son sang et un de ses souliers à côté des reliques de saint Aure.

A mesure qu'Eloi avançait en âge, il se livrait de plus en plus à la veille, aux jeûnes et aux pratiques de la charité. La multitude des pauvres affluait tous les jours vers lui en si grand

1625. Sainte Aurée mourut en 660, à l'âge de soixante-huit ans, après avoir gouverné trente-trois ans le monastère fondé par saint Eloi.

nombre, que si quelque étranger ou pèlerin
demandait son domicile, il recevait cette réponse :
« Allez dans cette place qui est devant vous et
où vous verrez une multitude de pauvres, vous
trouverez l'entrée de sa maison [1]. »

Il avait coutume de porter sur lui ses aumônes dans une bourse, et autant de pauvres
qu'il rencontrait, autant de fois il y puisait géné-
reusement. Lorsque le soir il s'asseyait à table,
il commandait à ses serviteurs de lui amener
tout ce qu'ils pourraient trouver, de pèlerins,
de mendiants et d'infirmes. Il remplissait à leur
égard les offices les plus bas, et seulement
lorsque tous étaient rassasiés, à son tour s'asseyant sur une mauvaise petite escabelle, il man-
geait un peu de ce qui était resté.

Partout où il savait qu'un esclave était à

[1] On montrait encore au XIIIe siècle, dans la rue Saint-
Eloi, la *maison au fèvre*, qu'on disait être la sienne, et que
l'incendie de 900 avait respectée. (*Histoire des rues de Paris*,
page 82.)

vendre, il accourait avec empressement. Il en rachetait jusqu'à vingt, trente et même cinquante à la fois, sans s'inquiéter qu'ils fussent Romains, Bretons, Gaulois, Saxons ou Maures. S'il arrivait que la paye qu'on exigeait de leur rançon surpassât la somme qu'il possédait, il se dépouillait de tout ce qu'il pouvait avoir de précieux sur lui, jusqu'à sa ceinture, son manteau, son bracelet d'or et sa dague ornée de pierres précieuses. Il conduisait ensuite devant le roi les captifs qu'il venait de racheter, et après leur avoir donné de l'argent, il leur faisait donner des lettres de liberté, et leur offrait de choisir entre ces trois choses : retourner dans leur patrie, travailler avec lui dans ses ateliers, ou se retirer dans les couvents.

Le grand nombre de guérisons attribuées à notre saint pendant sa vie porte à croire qu'en dehors de la puissance miraculeuse, il avait aussi étudié la médecine. Son ancien état de maréchal-ferrant est une présomption en cette faveur. Tous les maréchaux encore de nos jours sont un peu rebouteurs. C'est ainsi que le jour de la fête de saint Denys il rendit le mouvement à un homme dont les membres étaient contrac- turés, en le tirant vivement à lui ; qu'il fit dis- paraître un autre jour une rétraction des doigts en frottant la main d'huile, et que par des frictions il rendit la vie à un homme qu'on venait de pendre et qui n'était qu'asphyxié.

Sa bonté s'étendait jusque sur les animaux, et il s'est conservé dans le pays de Douai l'usage de l'invoquer particulièrement pour obtenir la guérison des chevaux, quoique rien n'indique qu'il ait jamais, hors de sa patrie, exercé la profession de maréchal.

Dagobert, dont il était l'ami depuis plus de vingt ans, le choisit dans les dernières années de son règne pour servir d'ambassadeur auprès de Judicaël, roi des Bretons. C'était une mission fort délicate, dont notre saint se tira avec le plus grand honneur ; car non-seulement il évita la guerre que tout le monde redoutait, mais encore il parvint à amener au château de Ruel ce fier et farouche seigneur chargé de présents pour le roi.

Mais les honneurs n'avaient point d'attraits pour cette âme entièrement vouée à Dieu. Depuis quelque temps d'autres préoccupations le travaillaient. La plupart de ses amis de jeunesse avaient abandonné la cour pour se renfermer dans des cloîtres ou embrasser le ministère apostolique. Didier était évêque de Cahors[1] : Ouen

[1] On conserve une lettre charmante d'Eloi à son ancien ami devenu évêque. Je ne puis m'empêcher de la reproduire ici, d'après la traduction de M. Barthélemy.

« A celui qui sera toujours son seigneur et père apostolique, Didier, prêtre par excellence, Eloi, serviteur des serviteurs de Dieu.

» Chaque fois que nous trouvons l'occasion d'écrire à Votre Grâce, chaque fois la mesure de notre allégresse semble se combler pour nous. C'est pourquoi, outre la dette du salut dont je vous suis redevable, je vous demande encore avec

se préparait à recevoir la prêtrise. Lui-même, au milieu des scandales de la cour, ne pouvait plus

plus d'ardeur, et par-dessus tous les biens de cette terre, que chaque fois qu'au milieu des sollicitudes de ce monde votre âme pourra trouver un instant de repos, vous n'oubliiez pas d'associer à vos saintes prières le souvenir du plus petit de vos serviteurs. Et je vous dis cela, non pas que je croie que vous nous oubliiez parfois, pas plus que votre souvenir ne vieillira dans notre cœur; mais j'ai pensé cependant qu'il ne serait pas hors de propos de vous rappeler ces choses en vous adressant une nouvelle prière. Vous savez, sans que j'aie besoin de vous le redire, quelle cause peut seule animer mon cœur dans cette présente vie, si ce n'est l'immensité du désir que nous avons de la vie éternelle que l'on goûte dans la bienheureuse patrie des justes. C'est lui seul qui fait battre mon cœur et tressaillir mes entrailles. Vous savez aussi que l'on ne parle plus fréquemment que de ce qui fait l'unique objet de notre amour et le but de nos désirs. Or donc, mon Didier, toi qui m'es cher comme moi-même, souviens-toi toujours de ton Eloi lorsque ton âme se répandra en prières devant le Seigneur. Et malgré qu'une immense distance nous sépare l'un de l'autre, et que nous ne puissions espérer de nous réunir corporellement en cette vie, soyons toujours unis dans le Christ, et efforçons-nous de vivre de telle sorte qu'après peu de temps nous soyons réunis en corps et en âme tout à la fois, et qu'ainsi réunis nous puissions vivre éternellement. Ce que daignera accorder à nos incessantes prières (comme je le crois) la clémence sans bornes de Notre-Seigneur Jésus-Christ, à qui la gloire appartient dans l'éternité des siècles.

vivre sans la société des moines ou des solitaires.

La mort du roi, qui vint le frapper à la fleur de l'âge, lorsqu'il comptait à peine trente-six ans, ne fit qu'augmenter son penchant. Dagobert était tombé malade d'un flux de ventre, dans sa métairie d'Epinay-sur-Seine, au commencement de janvier 638; il n'eut que le temps de se faire porter à sa basilique de Saint-Denis et y rendit l'âme. Son règne avait duré seize ans. Il fut enterré dans l'église qu'il avait enrichie [1]. On y voyait encore, au siècle dernier,

Amen. Je te salue de toute mon âme et avec l'affection la plus sincère. Dadon, notre fidèle compagnon et ami, te salue aussi. »

[1] Les *Gesta Dogoberti* racontent une curieuse légende sur la fin de ce prince, qui fait connaître l'esprit de l'époque : Lorsqu'il fut mort, un homme pieux eut une vision dans laquelle il vit Dagobert cité au tribunal de Dieu, et un grand nombre de saints l'accusaient d'avoir dépouillé leurs églises. Et les démons allaient l'entraîner en enfer, lorsque saint Denys survint, et, par son intercession, l'âme du roi fut délivrée et échappa au châtiment.

son tombeau près de l'autel du côté de l'épître.
De ses deux fils, Sigebert et Clovis, l'un eut
l'Austrasie, et l'autre la Neustrie. Eloi s'attacha
à la fortune de ce dernier, qui n'avait que quatre
ans, et pour lequel gouvernèrent les maires du
palais, Aga d'abord et Erchinoald ensuite; mais
il ne le servit comme monnayeur et orfèvre de
la cour que pendant une année. En 639, il
donna sa démission en faveur de Thillon, son
élève, et dès lors il ne songea plus qu'à se
consacrer à Dieu.

Quoiqu'il soit possible que notre saint, même
pendant son pontificat, ait occupé ses loisirs
aux travaux de son ancienne profession, on
doit regarder sa vie d'artiste comme terminée
en 699, et placer ensemble sous un même chef
toutes ses œuvres, auxquelles il a été impos-
sible d'assigner une autre date. En voici la
liste aussi exacte que possible.

Une croix à Saint-Victor de Paris, une à

Notre-Dame de Paris, une à Saint-Martin-les-Limoges, un cristal de roche à l'abbaye de Vaser, enfin le célèbre calice de Chelles et des monnaies.

La croix de Saint-Victor de Paris est indiquée par Dubreuil dans ses *Antiquités de Paris*.

Celle de Notre-Dame était de grande dimension, en or, et ornée de filigranes, comme presque toutes celles attribuées à saint Eloi[1].

Celle de Saint-Martin-les-Limoges, dont parle Legros dans son *Histoire manuscrite de l'abbaye de Saint-Martin*, fut donnée au couvent par le saint lui-même, dans les circonstances dont nous parlerons ailleurs[2].

Le vase de l'abbaye de Vaser était attribué à saint Eloi, parce que Clotaire en était le donataire; c'est une preuve bien équivoque,

[1] Texier : *Dictionnaire d'orfévrerie.*

[2] Ibid.

à moins que ce ne soit le même qui est ainsi décrit dans le Trésor de Noyon [1] : « VI° Un petit sceau de cristal garni d'un métal doré, avec l'anse, que l'on tient avoir été dans les ustensiles de saint Eloi. »

Heureusement nous sommes moins pauvres de renseignements sur le calice de l'abbaye de Chelles, dont André du Saussay fit un dessin de grandeur naturelle dans sa *Panoplia sacerdotalis*, en 1651, et que dom Martène et l'abbé Lebœuf ont pu contempler. Ce calice était celui dont saint Eloi se servait pour dire la messe ; après sa mort, il fut donné par la reine Bathilde, grande admiratrice du prélat, aux religieuses de l'abbaye de Chelles qu'elle avait fondée, et on le voit souvent reparaître dans les inventaires de ce couvent [2]. La coupe, dit Lebœuf, est en or émaillé ; elle a près d'un

[1] TEXIER : *Dictionnaire d'orfévrerie.*

[2] *Bulletins de la Société archéologique du Limousin,* t. XIII.

demi-pied de profondeur et presque autant de
diamètre; le pied est beaucoup plus petit. La
disposition des ornements, ajoute un autre auteur,
présente deux rangées de perles au haut et au
bas de la coupe, et des guirlandes de rhombes
disposés en feuilles de fougère, dont l'émail
rouge divise verticalement les compartiments et
rappelle les incrustations du fourreau d'épée
de Childéric. Une charmante petite ceinture
d'orfévrerie décore le nœud du calice; elle est
rehaussé d'émaux rouges et verts en losange et
en damier qui n'ont pu être exécutés qu'avec
des fondants [1].

« Du moment où nous avons sous les yeux
un monument à date précise et de provenance
certaine, dit M. Grésy, monument qui établit
que saint Eloi a fait des œuvres d'orfévrerie
émaillée, la cause de l'industrie limousine est

[1] La patène de ce calice fut fondue pour faire la châsse de
sainte Bathilde.

gagnée, il demeure indubitable que l'école de Limoges est antérieure de plus de trois siècles à l'école allemande. C'est donc à juste titre que la renommée de l'artiste mérovingien se perpétue; à lui toujours le sceptre de l'orfèvrerie française. »

De saint Eloi monétaire il reste, outre la pièce limousine déjà indiquée, quatre tiers de sou d'or ou *triens* du règne de Dagobert, et un de Clovis II [1].

1. Tiers de sol d'or : d'un côté, la tête de Da-  gobert avec le diadème de perles double, les cheveux pendants sur le cou, et pour légende : PARISIN. CEVE FIT, pour *Parisina civitate fecit;* de l'autre côté, une croix, et au-dessus un oméga ou une forme d'ancre;

---

[1] Sous la première race de nos rois on comptait quatre espèces de monnaies, 1° le sou d'or, 2° le demi-sou, 3° le tiers de sou, 4° le denier d'argent. Ces monnaies se fabriquaient au marteau.

au-dessous des bras, ELIGI pour *Eligius*, et
pour légende : DAGOBERTVS REX (Dagobert roi,
Eloi fit ou frappa cette monnaie dans la cité
de Paris), en 628, selon Bouteroue.

2. Autre tiers de sol
d'or : d'un côté la tête de
Dagobert avec le diadème
de perles double, les cheveux pendants sur le
cou, et pour légende : PARISIVS FIT, pour *Parisius
fecit;* de l'autre côté, la croix, l'ancre ou l'oméga, une boule au-dessous de la croix, et pour
légende : ELIGIVS MONE, pour *Eligius monetarius.*
(Eloi, monétaire, fit ou frappa cette monnaie à
Paris, ou dans le territoire de Paris.)

3. Autre tiers de sol
d'or fabriqué dans le pa-
lais du roi : d'un côté, la
tête de Dagobert, et pour légende : MONE PALATI,
moneta palatina; de l'autre côté, la croix ancrée, sous les bras ELIGI, et pour légende :

8

SCOLARE. T. A.... « Ce qui ne se peut expliquer,
dit Bouteroue, y ayant quelques lettres effacées. »
(Monnaie du palais ou frappée au palais), soit
à Paris, soit aux environs.

4. Autre tiers de sol
d'or : d'un côté, la tête
de Dagobert ornée du dia-
dème, ou filet de perles; pour légende : PARISI
CIV......, pour *Parisina civitate ;* de l'autre côté,
la croix ancrée; sous les bras, ELIGI pour *Eligius*
(S. A. FIT pour *fecit*); pour légende : DAGOBERTVS
REX. (Dagobert roi, Eloi fit ou frappa cette
monnaie dans la cité de Paris.)

5. *Triens* ou tiers
de sol d'or, avec la tête
de Clovis II, ceinte du
diadème de perles, les cheveux cordonnés et
pendants sur le cou; pour légende : PARISINN.
CIV., pour *Parisina civitate;* de l'autre côté,
la croix ancrée; sous les bras , ELIGI pour *Eligius*,

et pour légende : CHLODOVEVS REX (Clovis roi,
Eloi fit ou frappa cette monnaie dans la cité de
Paris.)

Le Blanc, dans son *Traité historique des
monnaies*, dit qu'il en a vu de Thillon, l'un des
aides de notre saint, et Bouteroue, dans *les
Recherches curieuses sur les monnaies de France*,
en cite une de Bauderic, son autre élève, qui
fut frappée en 631.

VI

Ce fut en 640 que Achaire, évêque de Noyon, étant venu à mourir, celui qui avait commencé par être un simple orfèvre fut fait prêtre, comme malgré lui, et établi le gardien et le protecteur des villes ou municipes de Vermand, Noyon, Tournai, Gand et Courtrai [1].

Eloi avait alors cinquante-deux ans. Il fut

AUDOENUS : *Vita sancti Eligii*, cap. II, VIII, III, passim.

sacré à Rouen, le même jour que son ami
Audoénus qui venait d'être élu évêque de cette
ville; mais comme saint Ouen était déjà prêtre
tandis qu'Eloi était encore laïc, il fallut attendre
pour la consécration que celui-ci eût parcouru
tous les degrés de la cléricature et y eût passé
le temps nécessaire. La bénédiction apostolique
leur fut donnée le 23 mai, dimanche avant les
Rogations.

Le nouvel évêque, disant adieu à son cher
Dado, se rendit aussitôt à son siége. Les habitants de cette contrée étaient encore enveloppés
des ténèbres de l'idolâtrie et adonnés à de
vaines superstitions; c'était un beau champ pour
le zèle d'Eloi. Ses nouveaux enfants le reçurent
d'abord d'une manière hostile, parce qu'il ren-
versait les temples des idoles et détruisait leurs
statues¹; mais lorsque après un peu de temps
il eut commencé à leur prêcher la parole de

AUDOENUS : *Vita sancti Eligii,* cap. II, VIII, III, passim.

Dieu, une grande partie se soumit au Christ. Éloi fut ainsi pour eux comme un flambeau descendu du ciel, ou comme un rayon de soleil s'échappant de la nue. Ceux qui d'abord, semblables à des bêtes féroces, voulaient le mettre en pièces, voyant sa douceur et sa bonté, cherchèrent à devenir ses imitateurs. Vous les eussiez vus accourir en grand nombre à la pénitence, distribuer leurs biens aux pauvres, donner la liberté à leurs esclaves et faire toutes sortes de bonnes œuvres. Chaque année, à la solennité de Pâques, il les lavait dans la fontaine sacrée et les baptisait de ses propres mains. Vous eussiez vu, mêlés aux enfants, des femmes âgées les membres tout tremblants, des vieillards au front ridé, qui semblaient renaître à sa parole, et paraissaient des hommes nouveaux quand ils sortaient de l'eau lustrale et qu'on les revêtait d'habits blancs [1].

[1] AUDOENUS : *Vita sancti Eligii*, cap. VIII, IV, II.

Quant à ceux qui s'écartaient de la voie droite, il les reprenait avec douceur et les supportait patiemment ; il leur appliquait le remède excellent de ses discours et le salutaire médicament de la parole de Dieu, et posait sur leurs blessures l'appareil salutaire de la confession[1].

Toujours doux, charitable, humble, mortifié, assidu à l'étude, libéral dans ses aumônes, il était infatigable à secourir les pauvres et à prendre soin des pèlerins ; il nourrissait tous les jours douze mendiants, et à l'heure des repas, s'asseyant avec eux à table, et après leur avoir lavé les mains, il les servait avec empressement et les faisait restaurer avec bonté[1].

La religion n'avait pas de plus intrépide défenseur. Déjà comme laïc, il s'était distingué contre un hérétique monothélite ; comme évêque, il se montra au concile de Chalons-sur Saône en 644, et à celui d'Orléans en 646, et fonda vers

[1] AUDOENUS : *Vita sancti Eligii*, cap. II, VIII, III, passim.

la même époque, à Noyon, une école pour
l'étude des belles-lettres et de la théologie.

Son zèle pour les lieux consacrés à la prière
ne pouvait se reproduire; tandis que son ami
saint Ouen fondait au bord de la Seine les
splendides monastères de Jumiéges et de Saint-
Wandrille, Eloi allait visiter ses bien-aimés
fils de Solignac (647), et consacrait, en compagnie de vingt-trois évêques, le monastère de
Saint-Martin-les-Limoges, bâti par son frère
Alicius, sur la tombe de leurs parents. Son
voyage en Limousin fut pour lui l'occasion d'une
foule de bonnes œuvres; je ne puis résister au
désir de citer textuellement le récit qu'en donne
saint Ouen :

« A quelque temps de là, pressé par un
sentiment de piété et une sollicitude pastorale,
il voulut visiter le lieu de sa naissance et la
ville de Limoges; car il désirait avec ardeur voir
de ses propres yeux les monastères que l'on

avait fondés dans cette ville sur le modèle du
sien ; il l'avait déjà appris par la renommée, et
son désir croissait surtout à cause de la régu-
larité de son monastère, qu'on lui disait avoir
été imitée par les couvents de Limoges. Comme
il approchait de Bourges avec un seul compagnon de voyage, tous les autres étant allés
devant ; pour lui, il s'était proposé, avec quelques autres, d'honorer la mémoire du confesseur
Sulpice. Lors donc qu'il fut entré dans son
église et qu'il y eut fait sa prière, il apprit
que plusieurs hommes, naguère frappés d'une
sentence de mort, étaient retenus en prison par
les magistrats ; car ils avaient tué un juge du
fisc, et voilà pourquoi on les avait faits prisonniers ; alors Eloi se souvint de la parole du
Seigneur [1] : « J'étais en prison, et vous êtes venus
à moi, » et « Chaque fois que vous avez fait
cela pour l'un de mes plus petits, vous l'avez

[1] Matth., xxv, 36, 40.

9

» fait à moi-même ; » il pria qu'on le con-
duisît vers eux ; mais comme il s'approchait du
gardien de la prison pour lui parler, les soldats,
s'étant levés, s'opposèrent avec force à ce qu'il
entrât dans le cachot. Eloi, très-affligé et très-
indigné de cette action, s'éloigna et poursuivit
sa route ; et étant arrivé à Limoges, il y de-
meura quelque temps, parcourant tous les monastères situés au dehors et au dedans de la
ville, recevant dévotement la bénédiction de tous.
Il visita aussi les frères de son monastère, ainsi
que le second abbé (car le premier avait été élevé
à l'épiscopat); il les exhortait chacun en parti-
culier avec une sollicitude toute paternelle, les
invitant tous à servir Dieu dans la vérité et dans
la simplicité de leurs cœurs, à faire chaque
jour des progrès dans la vertu, et à conduire
leur résolution en persévérant jusqu'à la fin. Il
vint aussi à la demeure de ses parents; car il
y avait là un monastère construit par son frère

Alicius, dans la maison même de son père; et y ayant également rencontré des frères, il les exhorta avec bonté. Il se préparait enfin à retourner à Noyon; et comme son chemin n'était pas loin de Bourges, il voulut retourner de nouveau dans cette ville, car il était affligé de n'avoir pu secourir en rien les prisonniers la première fois et de n'avoir pu les délivrer.

» Donc, tout en marchant, il priait le Seigneur que la peine qu'il s'était donnée ne fût pas sans résultat quand il serait arrivé à la prison. Le matin du jour qu'il devait entrer dans la ville, s'étant levé de très-bonne heure, et élevant ses yeux vers le ciel, le temps devint ténébreux et chargé de nuages, de telle sorte que les habitants de la ville ne pouvaient se distinguer à la distance d'un jet de pierre. Eloi entra dans la ville, et comme il approchait des portes de la prison, aussitôt, par un miracle de Dieu, les serrures se brisèrent avec une grande force; les gonds furent arrachés, les portes de la prison ouvertes, et les liens des captifs rompus. Alors Eloi, feignant que ce miracle ne venait pas de lui, s'éloigna aussitôt de la prison, après avoir conseillé aux prisonniers de sortir au plus vite de leurs cachots et de se réfugier dans l'église. S'étant donc enfuis aussitôt de la prison, ils coururent à la basilique de Saint-Sulpice, et comme toutes les portes en étaient fermées, ils regardaient de tous les côtés pour voir s'ils ne trouveraient pas quelque entrée, lorsqu'une des fenêtres, qui était au-dessus du portail, se brisa tout à coup, et en même temps une des portes latérales s'ouvrit, et ces hommes, étant entrés, allèrent se ranger autour de l'autel. Eloi, qui s'occupait à visiter tous les lieux saints, vint en cet endroit; il les trouva tous autour de l'autel et prosternés devant le tombeau du saint. Ceux qui les poursuivaient, étant entrés dans ce lieu privilégié, les saisirent,

et voulaient les entraîner dehors, quand le bienheureux Eloi, plein d'éloquence, leur dit :
« N'agissez pas ainsi, hommes de Dieu, n'a-
gissez pas ainsi, je vous en prie, dans cet
» endroit consacré. Pourquoi voulez-vous la perte
» de ceux que le Seigneur a bien voulu déli-
» vrer? pourquoi agissez-vous avec cette impiété
» dans la demeure de Dieu? pourquoi ne crai-
» gnez-vous pas le châtiment d'un si grand
» crime? car ce lieu est une maison de vie, et
» non de mort; c'est le refuge des criminels,
» et non leur condamnation; c'est le lieu de la
» prière, et non le repaire des voleurs. » Et il
leur dit encore : « Le Seigneur Dieu m'est témoin
» de ce que vous faites; vous ne voulez pas
» m'écouter; mais je crois qu'il m'entendra, lui
» qui n'a jamais abandonné ceux qui espèrent en
» lui. » Et ayant aussi recours à celui qui
était son refuge ordinaire, il se prosterna au pied
de l'autel et du tombeau du confesseur, et pria

le Seigneur pendant longtemps ; et, s'étant relevé
de son oraison, les chaînes des captifs se brisèrent et tombèrent à terre à la vue de tout le
peuple ; ce qu'ayant vu les soldats, frappés d'une
grande terreur, ils se jetèrent aux pieds de saint
Eloi, le priant de leur pardonner, et disant :
« Nous avons péché, seigneur père ; nous avons
» agi iniquement ; nous avons follement voulu
» vous résister ; nous reconnaissons que nous
» avons mal agi ; nous vous prions de nous par-
» donner notre impiété. » Alors il leur répondit :
« Je reconnais que vous avez agi par ignorance,
» mais le Seigneur fait comme il lui plaît ; c'est
» lui-même qui a délivré ces hommes. Je le
» supplie donc moi-même pour qu'il vous ac-
» corde l'indulgence et qu'il vous pardonne tous
» vos péchés ; car ce n'est pas moi, comme vous
« le pensez, mais saint Sulpice qui a protégé
» les criminels qui s'étaient réfugiés vers lui [1]. »

[1] AUDOENUS : *Vita sancti Eligii*, trad. de M. Barthélemy.

Vers le même temps, notre saint fonda à
Noyon, avec l'assistance de Clovis II, une com-
munauté de femmes, à la tête de laquelle il
plaça Godeberte, « jeune fille qu'il avait, dit
l'histoire, ravi saintement au roi et à la griffe
d'hyménée. » Le roi, plein d'admiration pour les
vertus de Godeberte et voulant qu'elle se sou-
vînt de lui dans ses prières, lui donna l'oratoire
de Saint-Georges de Noyon ainsi que le palais
qu'il possédait dans cette ville et deux terres
qui appartenaient au fisc. De nombreuses ser-
vantes de Dieu se réunirent bientôt autour de
la jeune abbesse, et elle mourut en odeur de
sainteté.

On doit rapporter au même temps, c'est-à-
dire vers 650, la fondation d'un oratoire faite
par saint Eloi à Ourscamp, en latin *Ursicampus*.
La légende à laquelle se rattache cette étymo-
logie est fort gracieuse : Il y est dit qu'un ours
ayant mangé le bœuf qui traînait les pierres

destinées à la construction de la chapelle, le saint condamna l'animal vorace à prendre la place de celui qu'il avait mangé; ce à quoi l'ours se soumit avec la plus grande docilité.

Le récit de saint Ouen s'étend avec plaisir sur les recherches que son ami entreprit pendant son pontificat, pour retrouver les corps de saint Quentin martyr, de saint Piat, des saints Crépin et Crépinien, de saint Lucien; et il décrit avec amour les mausolées, les châsses d'or et d'argent enrichies de pierres précieuses dont il les entoura; mais aujourd'hui tous ces précieux monuments de sa piété et de son talent sont perdus.

VII

Homélies de saint Eloi pour l'instruction de son peuple.

On attribue à saint Eloi un petit recueil d'homélies dont saint Ouen donne le texte dans les chapitres xv et xvie de son ouvrage. Elles ont été plusieurs fois transcrites à part. En 1631 on en conservait à l'abbaye de Corbie un exemplaire sous ce titre : *De Rectitudine catholicæ conversationis.* « Le style de ces instructions, dit Godescard, est clair et simple et peu chargé d'ornements, mais touchant et pathétique. » Il indique combien notre saint était fa-

milier avec les Pères de l'Eglise, saint Augustin,
saint Cyprien, saint Grégoire. Ces fragments
ne sont sans doute que des plans d'instruction [1].
En voici quelques extraits :

« Je vous prie, mes très-chers frères, et je
vous avertis avec un profond sentiment d'humilité,
de m'écouter avec une grande attention; car
je veux vous dire des choses qui intéressent
votre salut. En effet, le Seigneur tout-puissant
n'ignore pas que c'est la charité que j'ai pour
vous qui fait que je vous parle. Il sait aussi que
si je m'abstenais je serais très-coupable. Accueil-
lez donc mes paroles, non pas avec indulgence
pour ma médiocrité, mais parce qu'elles vous
sont adressées dans l'intérêt de votre salut, afin
que ce que vous aurez entendu vous le mettiez
en pratique, et que je puisse me réjouir dans
le royaume céleste de ce que j'aurai fait pour

[1] Nous suivons la traduction de M. l'abbé Parenty, chanoine
d'Arras, membre de plusieurs sociétés savantes.

vous et de votre avancement dans la perfection.

Que si, par hasard, il déplaît à quelqu'un de me voir prêcher si fréquemment, je le prie de ne m'en point vouloir, mais de considérer plutôt le danger que je cours, et d'écouter les terribles menaces que le Seigneur fait au prêtre par son prophète : « Si, dit-il, vous n'avez point annoncé » à l'impie son iniquité, il mourra dans son » péché, et je rechercherai son sang sur vos » mains. Que si vous avez déclaré à l'impie son » crime et qu'il ait négligé de se convertir, il » mourra criminel à la vérité, mais vous aurez » sauvé votre âme. » Et ces autres paroles : « Criez sans cesse, et faites connaître à mon » peuple ses iniquités. »

« Considérez donc, mes frères, qu'il est important pour moi de porter continuellement vos esprits à désirer les récompenses du ciel et à la crainte du redoutable jugement de Dieu, afin que je mérite de jouir, avec vous, d'une

paix éternelle dans la société des anges. Je demande donc que sans cesse vous craigniez le
jugement, et que, chaque jour, vous méditiez
sur le moment de la mort. Réfléchissez mûre-
ment sur l'état dans lequel vous serez présentés
devant les anges, et sur la récompense qui sera
attribuée à vos mérites. Pourrez-vous présenter
tout ce que vous avez promis au baptême? Sou-
venez-vous que vous fîtes alors un pacte avec
Dieu, et que vous promîtes de renoncer au
démon et à toutes ses œuvres. Ceux qui le purent
répondirent par eux mêmes et pour eux-mêmes,
et ceux qui ne le purent point eurent une caution qui promit ces choses à Dieu, savoir celui
qui les leva des fonts sacrés. Considérez donc
quel pacte vous avez fait avec Dieu, et voyez en
vous-mêmes si, après de telles promesses, vous
n'avez pas fait les œuvres du démon, à qui vous
aviez renoncé, ainsi qu'à toutes ses pompes et
à toutes ses œuvres, c'est-à-dire aux idoles, aux

sortiléges, aux augures, aux vols, aux forni-
cations, à l'ivrognerie et au mensonge ; car ce
sont là ses œuvres et ses pompes. Vous avez
promis, au contraire, de croire en Dieu le Père
tout-puissant, en Jésus-Christ Notre-Seigneur,
son Fils unique, conçu du Saint-Esprit, né de
la Vierge Marie, qui a souffert sous Ponce-Pilate,
est ressuscité des morts le troisième jour, et est
monté aux cieux. Vous avez promis ensuite de
croire au Saint-Esprit, à la sainte Eglise catho-
lique, à la rémission des péchés, à la résurrection de la chair et à la vie éternelle.

« Il n'y a nul doute que cette caution qui
vous a été donnée et la profession de foi que
vous avez faite continuent de vous lier à l'égard
de Dieu. C'est pourquoi je vous avertis, mes très-
chers frères, de garder toujours dans votre mémoire cette confession et cette promesse, afin que
votre nom de chrétien ne soit pas pour vous une
cause de jugement, mais qu'il devienne plutôt

pour vous un remède; car vous n'êtes devenus
chrétiens que pour faire toujours les œuvres du
Christ, c'est-à-dire pour que vous aimiez la
chasteté, que vous évitiez la luxure et l'ivrognerie; que vous aimiez l'humilité et détestiez
l'orgueil, puisque le Seigneur Jésus-Christ nous
a montré l'humilité par ses exemples, et nous
l'a enseignée par ses paroles, lorsqu'il a dit :
« Apprenez de moi que je suis doux et humble
» de cœur, et vous trouverez le repos de vos
» âmes. » Détestez pareillement l'envie et pra-
tiquez entre vous la charité. Occupez-vous sans
relâche du siècle futur et de la béatitude éternelle, travaillant plus pour l'âme que pour le
corps; car la chair n'est en ce monde que pour
peu de temps; l'âme, au contraire, est destinée
à régner dans le ciel, si elle fait le bien; mais si,
au contraire, elle opère le mal, elle sera con-
damnée à brûler sans miséricorde dans l'enfer.
Quant à celui dont toutes les pensées sont uni-

quement tournées vers la vie présente, il res-
semble aux animaux et aux brutes.

« Il ne vous suffit donc point, mes très-
chers frères, d'avoir reçu le nom de chrétien,
si vous n'en faites point les œuvres. Car celui-là
seul est appelé utilement chrétien, qui garde
constamment dans son cœur les préceptes du
Christ et les met en pratique : c'est-à-dire qui
ne dérobe point, qui ne rend pas de faux témoignage, qui ne commet point d'adultère, qui
ne hait personne, mais qui aime le prochain
à l'égal de lui-même ; qui ne fait aucun mal à
ses ennemis, mais prie pour eux au contraire ;
qui ne suscite point de procès, mais réconcilie
ceux qui sont divisés ; car le Seigneur Jésus-
Christ a daigné nous donner ces préceptes dans
l'Evangile, lorsqu'il dit : « Vous ne commettrez
» point d'homicide, vous ne serez point adultère,
» vous ne vous rendrez point coupable d'aucun
» vol, vous ne direz pas de faux témoignages,

» vous ne parjurerez point, et ne ferez aucune
» fraude. Honorez votre père et votre mère, et
» aimez votre prochain comme vous-même; »
et : « Tout ce que vous voudriez que les hommes
» fissent pour vous, faites-le aussi pour eux. »
En effet, ces paroles contiennent la loi et les
prophètes. Le Seigneur nous donna en même
temps des préceptes plus grands, plus difficiles
et plus fructueux à la fois, en nous disant :
« Aimez vos ennemis et faites du bien à ceux
» qui vous haïssent; priez pour ceux qui vous
» persécutent et vous calomnient. » C'est là un
grand commandement et qui présente aux hommes
quelque chose de dur, mais une immense récompense lui est attachée. Ecoutez bien ! « Afin
» dit-il, que vous soyez les fils de votre Père
» qui est dans les cieux. » Oh ! quelle grâce !
Nous ne saurions être, par nos propres mérites,
de dignes serviteurs, et voici qu'en aimant nos
ennemis nous devenons les fils de Dieu. Aimez

donc, mes frères, vos amis en Dieu et vos ennemis pour Dieu ; car celui qui aime le prochain,
comme le dit l'Apôtre, « a rempli la loi. » Quiconque, en effet, veut être vraiment chrétien
doit nécessairement garder les commandements ;
s'il n'en fait rien, il agit contre lui-même. Celui-là
est un bon chrétien, qui n'ajoute foi à aucuns
phylactères ou inventions du démon, mais qui
met son espoir en Jésus-Christ seul, qui reçoit
les étrangers avec joie, comme si c'était le
Christ même ; car il a dit : « J'ai été étranger
» et vous m'avez reçu ; » et : « Autant de fois
» que vous avez fait cela pour l'un de mes pe-
» tits, vous l'avez fait à moi-même. »

« Celui-là, dis-je, est bon chrétien. qui lave
les pieds à ses hôtes et les aime comme ses plus
chers parents ; qui donne aux pauvres selon ses
facultés ; qui fréquemment vient à l'église et
dépose son offrande sur l'autel ; qui ne goûte
point les fruits de ses récoltes sans qu'auparavant

il en ait offert quelque chose à Dieu ; qui n'a ni
faux poids ni fausses mesures ; qui ne prête point
son argent à usure ; qui vit chastement, et enseigne à ses enfants et à ses voisins à vivre aussi
dans la chasteté et dans la crainte de Dieu ;
qui sait par cœur le symbole et l'oraison dominicale, et l'enseigne à ses enfants et à ses
serviteurs. Celui qui observe ces choses est, sans
aucun doute, un véritable chrétien, et Jésus-
Christ habite en lui ; car il a dit : « Moi et mon
» Père nous viendrons en lui et nous y établi-
» rons notre demeure. » Il a dit aussi par la
bouche de son prophète : « J'habiterai en eux
» et je marcherai au milieu d'eux, et je serai
» leur Dieu. »

« Vous venez d'entendre, mes frères, ce que
doivent être les bons chrétiens. Travaillez donc
autant que vous le pouvez, avec l'aide de Dieu,
à ce que le nom de chrétien ne soit pas pour
vous un vain mot. Appliquez-vous à devenir de

vrais fidèles; méditez sans cesse les préceptes
de Jésus-Christ, et accomplissez-les par vos
œuvres. Rachetez vos âmes des peines qu'elles
ont méritées, tandis que vous avez pour cela des
remèdes à votre disposition; faites l'aumône selon
vos facultés, ayez la paix et la charité, réconciliez
les ennemis, fuyez le mensonge, craignez le
parjure, ne rendez aucun faux témoignage, ne
commettez point le vol, apprenez à vos enfants
le symbole et l'oraison dominicale; instruisez
aussi et reprenez les enfants que vous avez tenus
sur les fonts sacrés du baptême, afin qu'ils vivent
toujours dans la crainte de Dieu; sachez que
vous êtes devenus leur caution auprès du Seigneur. Rendez-vous à l'église le plus souvent
que vous pourrez, et implorez-y humblement la
protection des saints; sanctifiez le dimanche par
respect pour la résurrection du Sauveur, et
abstenez-vous ce jour-là de toute œuvre servile;
célébrez avec piété les solennités des saints;

aimez votre prochain comme vous-mêmes; faites aux autres ce que vous voudriez qu'on fît pour vous, et ne faites à personne ce que vous ne voudriez pas qu'on vous fît.

« Ayez avant tout la charité, parce que cette vertu couvre la multitude des péchés; soyez hospitaliers, humbles, plaçant votre espérance en Dieu, parce qu'il prend soin de vous; recevez les étrangers, visitez les malades, prenez soin des prisonniers, nourrissez ceux qui ont faim, couvrez ceux qui sont nus, méprisez les devins et les magiciens; que l'équité règne dans vos poids et dans vos mesures; que vos balances soient justes, ainsi que vos boisseaux et vos septiers; n'exigez rien par suite d'un don que vous auriez fait, et ne réclamez de qui que ce soit aucun intérêt usuraire pour de l'argent prêté. Que si vous observez bien ces choses, vous vous présenterez avec une entière sécurité, au jour du jugement, devant le tribunal de Dieu, et vous

lui direz : « Seigneur, donnez-nous, parce que
» nous avons donné ; prenez pitié de nous,
» parce que nous avons fait miséricorde ; nous
» avons gardé vos commandements, rendez-nous
» ce que vous avez promis. »

« Mais je vous supplie avant tout de n'observer aucune des coutumes sacriléges des païens ;
n'ajoutez point foi à ceux qui usent de caractères magiques, aux devins, aux sorciers, aux
enchanteurs ; ne les interrogez pour aucune
cause ou infirmité que ce soit ; ne les consultez
pour rien que ce puisse être ; car quiconque
commet une telle faute perd sur-le-champ la
grâce du baptême. N'observez pas non plus les
augures et les éternuements [1]. Lorsque vous êtes
en chemin, ne prêtez point attention au chant
de certains oiseaux. Mais, lorsque vous commen-

---

[1] Chez les païens, les éternuements à midi étaient réputés
heureux, ceux du matin malheureux ; on en tirait aussi des
augures, quand ils étaient faits à droite ou à gauche.

cez un voyage ou une œuvre quelconque, signez-vous au nom de Jésus-Christ, puis récitez avec foi le symbole et l'oraison dominicale : l'ennemi ne vous causera aucun dommage. Qu'aucun chrétien ne prête attention au jour où il quitte sa maison, non plus qu'à celui où il doit y rentrer, parce que tous les jours, sans distinction, sont l'œuvre de Dieu. »

Après avoir énuméré les diverses superstitions païennes qui régnaient encore de son temps, et avoir énergiquement recommandé à son peuple de s'en abstenir, saint Éloi résume les devoirs de la vie chrétienne et termine ainsi :

« Mais, quand vous aurez accompli toutes ces choses avec le secours du Seigneur, sachez que l'ennemi du salut le verra avec chagrin, voyant bien que vous avez rompu tout commerce avec lui. Peut-être à cause de cela, essuierez-vous quelques revers ou quelque infirmité. Ne déses-

pérez. pas néanmoins; car Dieu l'aura permis
pour vous éprouver, afin de connaître si vous
vous confiez de tout votre cœur en sa miséricorde et si vous croyez vraiment en lui. Supportez tout avec patience, bénissez Dieu en toutes
choses, afin que ce qui est écrit puisse s'accomplir en vous : « Heureux l'homme qui souffre
» la tentation! parce qu'après avoir été éprouvé,
» il recevra la couronne de vie. » Consolez-vous
par ces paroles de l'Apôtre : « Que si nous
» sommes affligés et tourmentés, c'est que Dieu
» nous punit et nous corrige, afin que nous ne
» soyons pas damnés avec le monde. » Et
ailleurs : « Dieu punit tous ceux qu'il aime; »
et « Dieu reprend et châtie ceux qu'il chérit. »
Si vous supportez une ou deux fois avec courage
et persévérance les méchancetés de l'ennemi qui
vous poursuit, et si vous le faites pour l'amour
de Dieu, le Seigneur l'éloignera de vous dans la
suite, à tel point, que désormais il ne vous

nuira jamais plus. Si donc vous êtes de vrais et
non de faux chrétiens, méprisez et fuyez toutes
embûches du démon, et attachez-vous à Dieu
de tout votre cœur, afin de supporter avec patience et courage toutes les adversités dont l'ennemi pourra vous affliger. Que si les sorciers et
les devins prédisent quelque chose d'extraordi-
naire et que l'événement réponde à leur prédic-
tion, n'en soyez pas étonnés; car les esprits qui
circulent dans les airs peuvent certainement pré-
voir certaines choses futures; et la sainte Ecriture nous l'affirme elle-même lorsqu'elle dit :
« Ne les croyez pas quand ils vous diraient là
» vérité; parce que le Seigneur votre Dieu vous
» tente pour savoir si vous ne le craignez pas. »
Sachez encore que l'ennemi ne pourra vous nuire,
ni dans vos personnes, ni dans vos biens, qu'autant que Dieu l'aura permis; mais Dieu ne permet cela que parce que les péchés des hommes
l'exigent. Il le permet, dis-je, pour deux motifs:

pour vous éprouver si vous êtes justes, ou pour vous punir si vous êtes pécheurs. Celui, du reste, qui aùra supporté patiemment ce que Dieu exigera de lui, dira avec Job quand il aura essuyé quelque perte : « Le Seigneur me l'a donné, il » me l'a enlevé : il est advenu ce qu'il a plu au » Seigneur, que son saint nom soit béni. » Si l'homme est juste, il sera couronné pour avoir montré cette patience, et s'il est pécheur, elle lui vaudra le pardon de ses fautes. S'il murmure au contraire et perd l'espérance, il ne sera pas moins privé de ce qu'il possède ; et de plus il encourra la condamnation de son âme. Mais croyez-moi, mes frères : si, de tout votre cœur, vous demeurez constamment dans la crainte de Dieu, si vous gardez ses commandements, et si vous n'observez aucune coutume des gentils, jamais l'ennemi ne pourra vous nuire, et toutes les choses vous seront prospères ; car ni les augures ni aucun artifice ne sauraient nuire au· vrai chrétien. En effet, du moment où l'on fait le signe de la croix avec foi et crainte de Dieu, l'ennemi ne peut nuire en rien. Mais ces mêmes artifices peuvent devenir un sujet de dommage à ceux qui sont tièdes et négligents; attendu qu'ils abandonnent les préceptes de Dieu pour se livrer nonchalamment aux choses mauvaises, se livrant spontanément à la puissance du démon. Quant à ceux qui persévèrent dans le service de Dieu et se confient exclusivement en son secours, le malin esprit ne saurait leur causer aucun mal. »

VIII

Dernières années de la vie de saint Eloi. — Sa mort. —
Miracles qui s'opèrent à son tombeau. — Ses reliques. —
Son culte.

Pendant dix-neuf ans que dura son pontificat,
Eloi, tout entier à ses graves fonctions, oublia
les douces consolations de l'art pour les rudes
labeurs du ministère apostolique.

Nous le voyons sans cesse occupé à réprimer
les mauvais prêtres, à guérir les malades, à com-
battre l'idolâtrie, à instruire son peuple ; c'est à
peine si on le retrouve deux ou trois fois à la
cour, où après un séjour de vingt ans, il devait

cependant avoir laissé de nombreux amis. Il est vrai que la majesté royale était bien tombée. A la place du grand Dagobert, régnait un enfant adonné à tous les vices et qui à vingt-trois ans devait mourir d'épuisement. Toute la puissance était souveraine aux mains d'Erchinoald, ennemi personnel d'Eloi, qui peut-être avait mérité sa haine en essayant d'éclairer son pupille.

Durant toute la vie du saint prélat, nous dit son historien, il ne cessa d'envoyer tout ce qu'il avait de précieux au ciel, où il devait un jour cueillir les fruits de la récompense éternelle. Ferme dans la foi, juste dans ses œuvres, prévoyant dans ses jugements, parfait dans la pratique de l'humilité, de mœurs très-douces, d'un esprit très-docte, d'un cœur pacifique et miséricordieux, il ne cessa de porter la pureté dans son cœur, la vertu dans ses œuvres, la diligence dans l'administration, la miséricorde pour réchauffer les pauvres, la constance pour défendre les dogmes de la religion.

« Après avoir accumulé le trésor abondant de ses mérites, arrivé à l'âge de soixante-dix ans, un jour qu'il se promenait avec ses disciples par la ville de Noyon, il aperçut un mur de la façade de la basilique qui tombait en partie et menaçait ruine. Il ordonna d'appeler sur-le-champ un ouvrier pour le réparer, et comme ceux qui l'accompagnaient s'étonnaient de cette précipitation, « Laissez-moi faire, mes enfants, leur dit-il, si ce mur n'est réparé tout à l'heure et de mon vivant, il ne le sera jamais. »

Ce pressentiment d'une mort prochaine ne devait que trop tôt se réaliser. Le saint se mit au lit, une fièvre ardente s'empara de lui, et au bout de cinq à six jours, pendant lesquels il essaya encore de lutter contre le mal par la volonté et la prière, la veille des kalendes de décembre, il sentit que l'heure de son départ de cette vie avait sonné.

Ayant donc fait rassembler ses serviteurs et ses disciples, qu'il allait bientôt laisser orphelins sinon en esprit, du moins en corps, il leur parla ainsi : « Mes bien-aimés, écoutez, je vous prie, le dernier avis de ma médiocrité. Écoutez et ayez pour agréables les dernières paroles de votre ami : si vous m'aimez comme je vous aime, faites tous vos efforts pour accomplir les ordres de Dieu ; soupirez toujours après Jésus, gravez ses préceptes dans votre cœur. Si vous m'aimez véritablement, chérissez comme moi le nom du Christ; corrigez tous les jours les égarements de votre vie, de cette vie dont la durée est si peu certaine. Redoutez, surtout, les jugements formidables de Dieu; ayez toujours présente à l'esprit la pensée du dernier jour, et l'état dans lequel vous vous présenterez devant le tribunal de votre Juge. Quant à moi, suivant l'expression de l'Ecriture, j'entre dans la voie de toute chair, et j'aspire au repos dans lequel je vais entrer. »

Les sanglots des assistants l'interrompirent. Comme il était déjà à l'extrémité, ses disciples s'approchèrent pour l'embrasser; il indiqua à chacun d'eux avec sollicitude le monastère ou il devait entrer, et mêlant ses larmes aux leurs, il rendit l'esprit à la première heure de la nuit, entre le dernier jour de novembre et le 1er décembre 659.

Bien que cette nouvelle fût attendue, elle répandit la consternation dans toute la ville épiscopale. C'est à ce moment qu'on put surtout connaître toute l'étendue de l'amour que le peuple avait pour lui ; tous les habitants de Noyon se lamentaient de la mort d'un seul homme, comme s'ils eussent été orphelins à la fois.

On habilla son corps suivant la coutume, et on

l'exposa à l'église sur un cercueil autour duquel tout le clergé passa la nuit. La reine Bathilde, qui l'aimait comme un père, et qui avait voulu qu'il tînt sur les fonds du baptême un de ses enfants, arriva vers le lever du jour avec une nombreuse suite ; s'étant prosternée au milieu de ses sanglots, elle ne pouvait se résoudre à se séparer du saint vieillard sans avoir revu son visage une dernière fois. Mais lorsqu'on eût soulevé le voile qui le couvrait, on s'aperçut qu'il avait rendu par le nez une grande quantité de sang ; le peuple, qui déjà le vénérait comme un saint, se disputa les linges qui servirent à l'éponger.

Une querelle fut sur le point de s'élever à propos du lieu ou reposerait sa dépouille mortelle. La reine voulait qu'on transportât son corps dans l'abbaye qu'elle avait fondée à Chelles ; les grands seigneurs le réclamaient pour la cité de Paris. Les habitants de Noyon s'opposaient à l'un et à l'autre de ces deux partis, revendiquant pour eux le corps de leur pontife comme un héritage. On finit par leur donner raison, et les restes du serviteur de Dieu furent enterrés au monastère de Saint-Loup, un de ceux qu'il avait enrichis de ses bienfaits.

Quoique l'hiver eût fait de la terre un marais immense, dit l'annaliste, la reine, refusant un cheval, voulut l'accompagner à pied jusqu'à sa dernière demeure, et tout le peuple la suivit en mêlant ses gémissements aux pompes funèbres de l'Eglise.

Dans ces âges de foi, le titre de saint s'acquérait sur le champ de bataille, et le peuple n'attendait pas comme aujourd'hui les lenteurs d'une procédure officielle pour le conférer aux grands serviteurs de Dieu.

L'évêque de Noyon fut à peine mort, que parmi les fidèles on commença à raconter des miracles opérés par son intercession. Ici, ce

sont des malades sans nombre qui sont guéris ;
là, une ville tout entière qui reconnaît lui
devoir d'avoir été préservée de la peste ; ailleurs,
des prisonniers dont les chaînes se brisent en
passant devant l'église où il est enterré ; plus
loin un solitaire habitué à vivre des bienfaits
du saint, qui voit dans la nuit son protecteur
lui apparaître et trouve au matin sa provision
de vin renouvelée.

Le bruit de toutes ces merveilles était si
éclatant, que la reine Bathilde elle-même se
crut divinement inspirée de se dépouiller de
tous ses bijoux, et d'en faire fabriquer pour
le tombeau du saint confesseur une superbe
enveloppe en métal ciselé et une croix d'or et
d'argent destinée à sa décoration ; et tous les
grands de la cour, imitant son exemple, vinrent
déposer aux pieds du saint des bijoux, des
parures, des pierreries et des ornements de
toute sorte.

Bientôt ces honneurs ne semblèrent pas encore suffisants. Notre saint était à peine mort depuis un an, qu'on résolut de faire une translation de ses reliques du lieu où elles avaient été enterrées près de l'autel, sous une arcade spécialement construite à cet effet derrière le sanctuaire. Cette cérémonie se fit avec la plus grande pompe le jour anniversaire de sa mort; le peuple et le clergé s'y étaient préparés par deux nuits de veilles et de prière. Lorsqu'au milieu du chant des antiennes et des hymnes on enleva le couvercle du tombeau, une odeur suave se répandit dans l'église, et le corps, sans aucune atteinte, parut si ferme et si beau qu'on l'aurait cru vivant. Ce qui frappa surtout le peuple, c'est que sa barbe et ses cheveux, qui avaient été coupés selon la coutume après sa mort, avaient poussé dans la tombe : les évêques purent enlever le corps sans qu'il se rompît, et retirer les vêtements

dont il était couvert, pour lui en mettre de
plus riches offerts par la reine. Enfin, avec
un grand concours du peuple, le saint fut
enlevé du lieu où il gisait, et déposé dans le
tombeau qu'on lui avait préparé.

A dater de ce moment tout ce qui avait appartenu au grand artiste devint sacré pour la
postérité, et les principales églises se dispu-
tèrent l'honneur de posséder quelques fragments
de ses reliques.

L'abbaye royale de Chelles obtint sa tête. On
montrait dans le trésor de cette église, un
beau buste en argent dans lequel le chef du
saint, offert par la reine Bathilde, était précieu-
sement conservé.

A Bruges, dans l'église collégiale de Saint-
Sauveur, on vénérait encore en 1622, dans
une châsse d'argent , une partie de ses
bras.

Une autre partie était conservée dans l'église

de Saint-Pierre de Douai, enchâssée dans un bras d'argent semé de fleurs de lis.

Les religieux de l'abbaye de Denain, qui était à deux lieues de Valenciennes, possédaient une phalange d'un de ses doigts.

L'église de Saint-Martin à Tournai, celle de Saint-Martial de Paris, et la ville d'Arras, offraient quelques fragments de ses reliques. La petite église de Solignac en présente encore à la vénération des fidèles.

L'abbaye de Noyon fut nécessairement la mieux partagée. On y voyait : des cheveux et de la barbe de saint Eloi dans une boîte de cristal à huit pans; sa chasuble, son étole, deux crosses, un bas de chausse, un soulier, une mitre, une aumônière, un calice d'argent, une enclume avec son marteau, et quatre anneaux d'or garnis de leurs pierres, dont l'un avait servi aux épousailles spirituelles de sainte Goberte.

Voici, au sujet de ces reliques, un trait fort
curieux rapporté par saint Ouen: — Lorsque le
saint était en vie, il avait coutume d'aller souvent au château royal de Compiègne, et il s'était
pourvu d'un logement au delà du fleuve de
l'Oise, dans la maison d'un homme appelé
Waldolène, où il séjournait à son passage. Après
sa mort, cet homme faisant peu de cas du lit
du pontife le démolit, et de la barre il fit
une marche pour mettre au seuil de sa porte;
puis il se logea avec sa femme dans la chambre
où le bienheureux avait si souvent couché. Or
voici qu'une nuit, étant saisi d'une fièvre ardente,
il commence à vomir, à trembler, à suer, à
pâlir, et ses pieds, qui avaient foulé la traverse
du lit, furent tellement saisis d'un feu cuisant,
qu'il ne pouvait plus marcher. En même temps
la femme eut une vision qui lui ordonnait de
remettre la traverse du lit à sa place et de ne
plus se servir de ce meuble. Ils quittèrent en

effet cette chambre, et l'homme guérit. Le
bruit de cet événement s'étant répandu au loin,
on commença à faire en ce lieu des pèlerinages,
des miracles s'y opérèrent, et il fallut enfin
sur l'emplacement de la maison construire une
église.

Autre trait. — Du temps que notre saint travaillait à la châsse de saint Martin de Tours,
donnant déjà l'exemple de toutes les vertus,
une dame chez qui il était logé, avait serré
religieusement dans un coffre des cheveux et
de la barbe du saint, un jour que son domes-
tique lui avait fait la barbe et coupé les cheveux. Bien des années s'étaient écoulées, lorsqu'une nuit, après la mort d'Eloi, elle crut
voir des rayons lumineux qui s'échappaient du
coffre au son d'une musique céleste. Elle se
rappela alors le trésor qu'elle avait caché dans
ce lieu, et l'ayant ouvert, il s'en exhala une
odeur suave comme celle des aromates. Les

fidèles élevèrent depuis un oratoire sur l'emplacement de cette maison.

Tout cela s'était passé en moins de quatorze ans ; car c'est dans cette limite de temps que l'ancien ami d'Eloi, l'évêque de Rouen Audoenus (saint Ouen), ayant recueilli avec un soin scrupuleux tout ce que la renommée publiait de ses mérites et de ses miracles, en composa le livre qui nous a servi de guide dans ce travail.

Je voudrais pouvoir indiquer ici toutes les églises, chapelles, peintures, bannières et statues que l'art et la piété des fidèles ont élevées depuis douze siècles à la mémoire du saint évêque de Noyon ; mais ce serait une liste trop longue, et peut-être fastidieuse pour quelques-uns de mes lecteurs : je craindrais d'ailleurs, de ne pas la donner complète, tant le culte de saint Eloi est répandu. Je me contenterai de décrire, d'après un célèbre archéologue, l'ancienne salle d'assemblée de la maison commune

de la corporation des orfèvres de Rouen, afin
de donner une idée du culte spécial que ces
artistes pieux avaient voué à leur illustre
patron.

Cette maison est située rue de la Grosse-
Horloge n° 2, à côté de l'ancienne église de
Saint-Herblant. La façade a été détruite par
un incendie; mais au deuxième étage, dans le
corps de logis du fond, on voit encore une salle
d'assemblée, dont les quatre fenêtres étaient
ornées de vitres peintes fort remarquables, représentant des traits de la vie de saint Eloi
et les armes des orfèvres de la ville. La hauteur
de ces curieux vitrages est de deux pieds huit
pouces de haut sur environ deux pieds de large.

Le premier représente saint Eloi dans son
atelier, son chapeau à la main, recevant la visite
de Clotaire, vêtu d'un manteau royal et portant
le sceptre. Par un anachronisme dont les artistes
de l'ancien temps ne se faisaient pas faute, le roi

est décoré de l'ordre de Saint-Michel. Un ouvrier est à la forge, d'autres sont occupés aux travaux indiqués par l'inscription qu'on lit au-dessous du vitrail : *Comme sainct Eloy fist pour le roi Clotaire deux selles d'or et de pierreries.* 1634.

Le deuxième a pour sujet l'intronisation de saint Eloi comme évêque de Noyon. Il est assis et revêtu de ses habits pontificaux. Deux évêques accompagnés de leurs acolytes posent une brillante mitre sur sa tête. Ces mots : *Comme sainct Eloy fust faict évesque de Noyon*, sont inscrits sur une banderolle qui court au-dessous des personnages.

Sur le troisième se voient les armes des orfèvres de Rouen : *de gueules au ciboire d'or, à la bordure engreslée d'or et de sable, au chef de Rouen qui est d'azur, chargé de l'agneau pascal d'argent*, l'écu supporté par deux griffons peints en grisailles. Des fourmis et des gouttes de sueur remplissent le listel qui sert de cadre à l'écusson, lequel est surmonté d'un creuset d'où s'échappe une épaisse fumée. Entre le creuset et l'écusson on lit : *Opus quale sit, ignis probabit.*

Le quatrième est orné des armes de France: *d'azur à trois fleurs de lis d'or.*

En jetant les yeux sur la liste des armoiries des confréries d'orfèvres français avant la ré- volution on y retrouve le buste de saint Eloi dans celles d'Amiens, Arras, Blois, Bourges, Brioude, Caudebec, Châtellerault, Dunkerque, Orléans, Saint-Brieuc, Valenciennes, etc., et son image est brodée sur toutes les bannières dont les dessins ont survécu aux bouleverse- ments politiques et religieux des derniers siècles.

Longtemps encore, il faut l'espérer, notre saint conservera la gloire d'abriter sous son patronage, cette vaillante légion d'artistes pour lesquels l'amour du beau est au-dessus des préoccupations de la terre, et qui vont chercher leurs inspirations non dans le caprice de la mode, mais dans les merveilles infinies de la nature créée par Dieu.

—⊶ FIN ⊷—

TABLE

— LILLE, TYP. L. LEFORT. MDCCCLXV. —

9 782012 991927